ANTONINE MAILLET

Née à Bouctouche au Nouveau-Brunswick, en 1929, Antonine Maillet est devenue rapidement une auteure prolifique. Après des études dans son Acadie natale, elle obtient une licence en lettres de l'Université de Montréal, une maîtrise ès arts de l'Université Saint-Joseph de Memramcook et un doctorat en lettres de l'Université Laval, où elle enseigne pendant quelque temps. Elle choisit par la suite de se consacrer entièrement à l'écriture. On lui doit à ce jour une trentaine d'œuvres, dont plusieurs ont été hautement acclamées par la critique et qui ont rejoint de très larges publics. Boursière du Conseil des Arts du Canada, à quelques reprises, et du ministère de la Culture du Québec, elle a obtenu plusieurs prix et distinctions, dont le prestigieux prix Goncourt en 1979, pour son roman *Pélagie-la-Charrette*.

LA SAGOUINE

Personnage haut en couleur, fille de pêcheur de morue, « fourbisseuse de place qu'a jamais rien fait ni jamais rien vu », du moins à ce qu'elle dit, la Sagouine connaît pourtant une foule de choses. Et elle se prononce ouvertement sur tout : la religion, le clergé, la politique et les élections, l'injustice sociale, l'actualité... Fidèle adepte de l'école de la vie, elle livre, à travers 16 monologues des plus percutants, sa propre philosophie qui éclaire auditeurs et lecteurs sur le quotidien de ses semblables, aux prises avec la misère, la pauvreté, la faim et le froid. À travers ses réflexions et ses critiques, livrées dans la langue de ceux qu'elle défend, elle révèle des personnages authentiques, tels que Gapi, la Sainte, la Bessoune, la Cruche, Don l'Orignal et Noume, qui peupleront par la suite l'univers d'Antonine Maillet.

D0465671

La Sagouine

Antonine Maillet

La Sagouine

Pièce pour une femme seule

Introduction d'Alain Pontaut

BIBLIOTHÈQUE QUÉBÉCOISE est une société d'édition administrée conjointement par les Éditions Fides, les Éditions Hurtubise HMH et Leméac Éditeur. Bibliothèque québécoise remercie le ministère du Patrimoine canadien du soutien qui lui est accordé dans le cadre du Programme d'aide au développement de l'industrie de l'édition. BQ remercie également le Conseil des Arts du Canada et la Société de développement des entreprises culturelles du Québec (SODEC).

Couverture:
Gianni Caccia

Typographie et montage:
Mégatexte Inc.

Données de catalogage avant publication (Canada)

Maillet, Antonine, 1929-
La Sagouine : pièce pour une femme seule

(Littérature)
Éd. originale: Montréal, Leméac (© 1971).
Publié à l'origine dans la coll. Répertoire acadien.
Comprend des réf. bibliogr.

ISBN 2-89406-048-3

I. Titre.
II. Collection: Littérature (BQ).

PS8526.A4S4 1998   C842'.54   C90-009928-3
  PS9526.A4S4 1998   PQ3919.2.M34S4 1998

Les sortilèges de la Sagouine

La Sagouine, je croyais bien la connaître par cœur. Et depuis longtemps. Depuis ce jour d'il y a quelque vingt ans où j'avais eu le privilège, en rencontrant celle qui l'avait réinventée, de lire le manuscrit de ses monologues, un peu avant le public, mais pas avant les auditeurs de Radio-Canada à Moncton.

Une double et rare rencontre. Une femme de lettres dont la carrière, avant et après le Goncourt, allait être ce que l'on sait. Un personnage qui, lorsqu'on croit le connaître aussi bien, révèle, quand on le rencontre vingt ans plus tard, une profondeur nouvelle ou une richesse intarissable.

Il y avait donc eu le livre, en 1971, et puis le lancement du livre, à Moncton bien sûr, à l'université. Comme surprise, mais pas dérangée, par les invités, une femme de ménage, que sans doute on avait oublié de chasser, frottait le plancher et déplaçait son seau. Elle osait même adresser la parole aux notables ainsi réunis. Elle disait par exemple : « J'ai peut-être la face nouère, pis la peau craquée, ben j'ai les mains blanches, Monsieur ! » Ou encore, agressive : « V'là la place la plus crasseuse que j'ai jamais forbie... Jusqu'à des tchas d'encens sus du beau prélat de même, si ça du

7

bon sens asteur ! Sainte-Mére de Jésus-Christ, faut que du monde ait pas grand alément. » À l'université, on ne disait pas alément pour allure ni encens pour gomme à mâcher. L'étonnante frotteuse, elle, parlait ainsi, non pour choquer mais parce que c'était son langage.

D'accord, la laveuse de planchers avait le visage bien jeune pour les 72 ans qu'elle disait avoir. Et elle avait aussi l'œil malicieux de Viola Léger. Mais à cause du naturel et de la vérité de la même Viola, grande interprète, il avait quand même fallu quelque temps pour que les invités s'aperçoivent qu'il ne s'agissait pas d'une pauvresse égarée dans ce lieu distingué parmi l'élite du savoir et de la société, mais qu'ils venaient de rencontrer la vedette de ce brillant lancement. Et la vedette était si démunie qu'on ne lui connaissait même pas d'autre nom de baptême que celui-là, la Sagouine, un nom que les Français en général, et même François Mauriac, n'avaient jamais osé utiliser qu'au masculin.

Le nom d'une pauvresse anonyme mais dotée d'étonnants sortilèges. Cette Sagouine qui, d'évidence, fait partie de ceux qui n'ont « ni métier, ni instruction, ni parsoune pour te sortir du trou », cette Sagouine qui n'a rien, qu'un total dénuement, va faire pourtant à un public innombrable le cadeau, non de son pittoresque mais de son authenticité, non de son petit point de vue spécifique mais de la profondeur et de la lucidité de sa vision du monde, non de son abaissement social ou de sa pauvreté mais de la vive exactitude de sa pensée sociale, politique, philosophique, de sa dénonciation sans qu'il y paraisse, de sa critique aiguë des inégalités sociales et de l'hypocrisie des bien-pensants. Donner tout ça à tant de monde alors que « j'avions rien à nous autres... »

Une Sagouine illettrée, mais farouche et forte, avec le cœur à la bonne place, qui fait — curieusement, on l'admettra — songer à La Bruyère, celui qui présente les paysans de son temps comme des animaux grattant le sol, noirs et affamés, qu'on aurait bien du mal à prendre pour des humains, n'en déplaise à leur Créateur, celui qui excelle, disait Taine, « dans l'art d'attirer l'attention » par des réflexions brèves et acérées, par ce ton incisif, imagé, percutant qui remet d'un seul coup, et on ne sait comment, le monde en question.

Une Sagouine ignare, fille de la Main, fille à matelots, gratteuse de planchers, qui fait songer à l'auteur des « Caractères », précepteur des Condé et secrétaire du duc de Bourbon ! Une Sagouine, femme de ménage de l'espèce la plus modestement sans voix et qui est tantôt une grande moraliste, tantôt un Juvénal inattendu, acadien et cocasse, mais inspiré !

La Sagouine, cette vlimeuse prétendument effacée, est la plus humble des travailleuses et des citoyennes mais c'est une pauvre femme qui, ayant l'air de parler comme ça, pour parler, pour se désennuyer, au-dessus de son seau, dresse le plus dur des actes d'accusation contre la société qui l'entoure et qui n'est faite que par et pour les riches. Aux pauvres, les maladies, le froid, la faim, les accouchements multiples et les morts presque autant, le mépris des enfants de riches et de la femme à Dominique qui se pince le nez quand la Sagouine vient décrasser chez elle en entrant furtivement par la porte d'en arrière.

Pourtant on ne lui cache rien, à la Sagouine. La propriété ? « Une terre appartchent pas à c'ti-là qui la trouve ou ben la défriche le premier. Elle appartchent à c'ti-là qu'est assez fort pour bosculer l'autre ou assez riche pour l'acheter. » Et si, à Noël, même ce jour-là, la Sagouine s'approche un peu trop des gâteaux, des sapins et des anges, elle sait qu'on va vite la mettre dehors. Car ce n'est pas parce que le Bon Dieu « est venu parmi nous pour sauver les pauvres » que les prêtres et les sœurs, constatant à quel point les pauvres sentent mauvais, vont s'empêcher de leur montrer la porte et, dégoûtés, d'ouvrir vite les châssis pour faire de l'air. Noël, la crèche, l'étable, ça brille et ça sent bon. Pas la Sagouine. Donc « un Nouël de même, c'est point fait pour du pauvre monde. »

Et quand la pieuse Sagouine reproche à Gapi de blasphémer, c'est toujours après avoir complaisamment cité le blasphémateur, qui dit par exemple : « Si le Bon Djeu était pas obligé de le faire, le monde, il était encore moins obligé de le faire de même. » Ou qui répond au prêtre qui n'a pas voulu enterrer le pauvre Ludger en terre sainte « par rapport qu'il s'avait nayé lui-même » : « Défendu ou pas défendu... une fois qu'un houme est mort... »

La naïve et la pauvre, l'ignorante Sagouine a parfois plus de science qu'un docteur de l'Église mais c'est pour constater : « Il faudra espérer d'être rendu de l'autre bôrd pour comprendre. Ben là, par exemple, j'allons-t'i ben comprendre : Ah ! oui, là, j'allons leu demander de toute nous dire : quoi c'est qu'est permis... ou défendu... et pourquoi c'est que les mêmes chouses sont pas défendues à tout le monde. »

Par sa naïveté, par sa supposée soumission, la Sagouine dénonce plus vivement encore les promesses des temps d'élections, l'argent à qui on ne demande pas d'où il vient, les privilèges et la médiocrité des gens d'Église, de finance, de pouvoir, la religion conçue comme police de la société des nantis, le monde « infinitivement bon » du Créateur qui nous a faits à son image. Infinitivement bon mais aux intentions quelquefois difficiles à percer : « Surtout que nous autres, j'avons pas les moyens de faire tout ce qu'est recoumandé dans les coumandements, les vartus théologiques, et pis les œuvres de miséricorde spirituelles et corporelles. C'est ben juste quand j'arrivons à faire manger tout le monde que j'avons dans la maison, pis à leu réchauffer les pieds dans nos mains le souère pour qu'ils s'endormiont avant le jour. »

La Sagouine, fille de pêcheur de morue, réinvente quelquefois la psychologie en son langage : « C'est point d'aouère de quoi, observe-t-elle, qui rend une parsoune bénaise, c'est de saouère qu'a va l'aouère. » La Sagouine, crasseuse aux mains blanches à force de les tremper dans son eau trouble, est riche d'un bon sens et d'une philosophie pétris d'observation, de lucidité et d'humour.

La Sagouine ne connaît rien aux grands événements du monde, à la diplomatie ou à la politique, à la science, mais il n'y a qu'elle pour expliquer comme ça, c'est-à-dire en allant au fond des choses, la guerre du Vietnam ou d'ailleurs, les mystères de la nature au printemps ou la conquête de la Lune.

La Sagouine, à qui aucune école n'a vraiment appris à bien parler, dispose, disait André Belleau, d'une langue non dénaturée, intacte, sans anglicismes, composée de mots comme « hâriotte », petite branche servant de fouet, dont les dictionnaires d'ancien français signalent la dernière trace dans un texte de 1180, comme « auripiaux » ou « borlicoco », tellement plus savoureux qu'oreillons ou pomme de pin, comme « je pensions », qu'on trouve chez Molière, une langue qui, comme la pièce, échappe par ses racines et sa vigueur

« au piège de la mutilation folklorique et du passéisme mystificateur », une langue « terriblement poignante et efficace ».

La Sagouine ne sait rien et éclaire tout.

La Sagouine n'est rien et elle dit tout.

La Sagouine nous parle au nom de gens qui ont peu de langage et leur donne puissamment la parole.

La Sagouine nous parle d'un pays qui n'existe guère mais qu'elle fait exister en parlant, sur toutes les cartes, dans tous les cœurs, sur toutes les scènes.

La Sagouine n'a rien et nous fait un cadeau majuscule.

Ce sont là quelques-uns de ses sortilèges. Ils n'ont pas disparu avec elle, qui aurait aujourd'hui 92 ans. C'est le contraire. On voit croître de plus en plus, avec le temps, le pouvoir et l'éclat de leur incantation.

Alain Pontaut

Le métier

J'ai peut-être ben la face nouère pis la peau craquée, ben j'ai les mains blanches, Monsieur! J'ai les mains blanches parce que j'ai eu les mains dans l'eau toute ma vie. J'ai passé ma vie à forbir. Je suis pas moins guénillouse pour ça... j'ai forbi sus les autres. Je pouvons ben passer pour crasseux: je passons notre vie à décrasser les autres. Frotte, pis gratte, pis décolle des tchas d'encens... ils pouvont ben aouère leux maisons propres. Nous autres, parsoune s'en vient frotter chus nous.

Parsoune s'en vient non plus laver nos hardes. Ni coudre, ni racommoder. Ils pouvont ben nous trouver guénilloux: je portons les capots usés qu'ils nous avont baillés pour l'amour de Jésus-Christ. Par chance qu'ils avont de la religion: ils pensont des fois à nous douner par charité leux vieilles affaires. Leux vieilles affaires et leux vieilles hardes qu'étiont neuves un jour, que ça nous faisait rêver d'en aouère des pareilles. Je finissons par les receouère pour nous payer nos journées d'ouvrage, mais quand c'est que j'en avons pu envie. Quand c'est que t'as vu dix ans de temps un chapeau de velours sus la tête d'une femme, au coumencement tu le trouves ben beau et tu voudrais ben l'aouère. Pis il

13

coumence à cobir pis finit par ressembler une crêpe de boqouite. C'est ce temps-là qui te le dounont. Ils te dounont des châles itou quand c'est qu'ils se portont pus, et des bottines quand c'est la mode des souliers. Ça arrive même qu'ils te dounont deux claques du même pied, ou ben un manteau trop petit où c'est qu'ils avont louté les boutons. Ils pouvont ben trouver que je sons mal attifés.

Trop mal attifés pour aller à l'église, t'as qu'à ouère ! C'est pour aller à l'église que le monde met ses pus belles hardes. Pour aller à l'église le dimanche. Nous autres, j'avons pas de quoi nous gréyer pour une église de dimanche. Ça fait que j'y allons des fois sus la semaine. Mais y en a qui voulont pus y retorner, parce que les prêtres leur avont dit que la messe en semaine, ça comptait pas. Ils faisiont rien qu'un péché de plusse d'aller communier le vendordi matin avec leu messe de dimanche sus la conscience. Quand c'est que Gapi a vu ça, il a arrêté d'y aller aussi ben le vendordi coume le dimanche et asteur j'y retornons pas souvent.

Je pouvons pas aller nous faire bénir la gorge à la Saint-Blaise, non plus, parce qu'il faut que je gardions sus les autres, ce matin-là, tandis qu'ils allont à l'é- glise. Ça fait que je pognons les amygdales toute l'ânnée, et les auripiaux. Les autres qui s'avont fait bénir la gorge tout leu saoul sont ben portants et levont le nez sus nos fièvres. Eh ! ben, les fièvres, c'est coume toutes les maladies : y en a jamais pour tout le monde et c'est tout le temps les mêmes que ça pogne. C'est tchurieux que je sons tout le temps les darniers sarvis pour tout le reste, mais pour les fièvres et les poux, ah ! ça...

Ils voulont pas que nos enfants s'asseyissent en avant de la classe trop proches des autres par rapport qu'ils avont des poux. Et ceuses-là qu'en avont jamais eu, avont plusse peur des poux pis des puces que du mauvais mal. Ils devont croire que ça peut vous dévorer un houme en vie. Ils pouvont se mettre une livre de cire à chaussures ou de graisse d'ourse dans leu propre tignasse, mais s'ils voyont un pou grous coume un œu' de hareng dans la chevelure d'un autre... Ils voulont pas s'assire à côté de nos enfants et les envoyont derriére la classe d'où c'est qui ouayont et compornont rien. C'est point aisé de te faire instruire quand c'est que tu ouas pas le tableau et que t'entends pas la maîtresse.

C'est point aisé non plus d'apprendre à parler en grandeur et à se comporter coume du monde parmi le monde, quand c'est que t'as pas le droit de leur adresser la parole sans passer pour un effaré. Va-t'en dire à la femme à Dominique : « Salut ben ! » en rentrant par la porte d'en avant pour laver sa place... A' se pincera le nez coume si même ton salut sentait point à bon. Ça fait que la prochaine fois, tu rentreras par la porte d'en airiére et tu te farmeras la goule.

C'est malaisé de saouère quoi c'est dire à ce monde-là. Eux autres ils pouvont te parler de leu parenté, de leux voyages dans les vieux pays, de leux maisons d'été pis leux maisons d'hiver, ou ben donc de leux enfants qui sont rendus dans les colléges ou dans le gouvarnement. Mais nous autres, j'avons ni garçons instruits, ni parenté aux États, ni que je pouvons changer de maison d'une saison à l'autre, ou changer de pays coume des vacanciers. J'avons jamais de vacances parce que j'avons pas d'ouvrage. Je travaillons parmi les maisons. Et là, point de vacances payées. Point de semaines de quarante heures, non plus, ni de rentes pour tes vieux jours. Tes vieux jours tu les

15

passeras coume les autres : à gratter pis à forbir... Hé oui !...

Pourtant, j'arions point haï ça, nous autres itou, d'aouère nos vieux jours de ben plantés dans de la boune terre, pis ben garnis. Des vieux jours de vaches grasses, coume i' contont. Ah ! pas des voyages en traileux avec l'âge d'or, faut pas se faire des accrouères. Parce qu'y en a qui passont leux vieux jours coume ça, apparence, à se promener de ville en ville, pis de pays en pays, en grous traileux qui ressemble à une maison à pas saouère dire la diffarence, apparence. Ben ceuses-là qui pouvont se payer dans leux vieux jours une maison qui roule sus ses quatre roues, sus les grands chemins, ils avont dû s'en payer une, ben ancrée sus une boune cave, 'tant jeunes.

Ça c'est de quoi que Gapi a jamais pu comprendre. Asteur pouvez-vous me dire, qu'i' dit, quoi c'est qu'une parsoune peut ben voulouère aller qu'ri' au loin quand c'est qu'elle a toute chus eux ? Quand c'est que tu manges tes trois repas assis à table ; pis que tu dors tes nuits longues sus un matelas à ressorts ; pis que chaque autoune tu changes tes changes de dessous d'été pour tes changes de dessous d'hiver ; pis que t'as une galerie en avant de ta maison, avec une chaise-barceuse qui barce assez loin par en airiére que t'es capable de toute ouère autour de toi, pis loin devant toi, sus la baie, pis... Ah ! Gapi, ça y en prend grand pour être content, lui.

Ben des fois j'y dis : Peut-être ben qu'une parsoune qu'a tout ça, pis qu'a vu si loin devant yelle, peut pus s'empêcher sus ses vieux jours de charcher encore à en ouère plusse et à ouère pus loin. Ça fait là, a' s'enrôle dans l'âge d'or, a' se greye d'un traileux, pis a' prend le chemin.

Moi j'sais pas, mais i' me r'semble que ça doit pas être si déplaisant de partir coume ça pour les vieux pays, un bon matin, juste pour aller ouère, pour lever le nez par là, sans que tu seyis obligé à rien. Me r'semble que ça doit être plaisant d'aller ouère de quoi que t'as jamais vu, coume les chutes de Niagara Falls, ou ben le soldar en jupe carottée qui joue de la veuze en Nova Scotia. M'semble que j'aimerais ben d'aller ouère ça, un bon jour, pour rien, rien que pour ouère.

Et pis tant qu'à partir au loin, j'aimerais ben ça de m'en retorner au pays de mes aïeux, sus l'Île-du-Prince-Édouard, ouère si ça ben changé dans cent ans. Ah! point pour rester, ni pour m'établir, justement pour regarder le pays, pis le monde, pis ouère si c'est vrai que leux jardinages poussont pus vite que par icitte. Pis asseyer de déniger ta parenté qu'a resté par là après le Dérangement. Apparence que dans les vieux pays une parsoune a point besoin de se noumer : que tu recounais les Thibodeau à leux yeux ; pis les Leblanc à leu nez ; pis les Bourgeois à leu trou dans le menton ; pis les Goguen à leu façon de grasseyer leux r coume si ils aviont une orange d'enfarmée dans le gorgoton.

Oui, de la parenté des genses de par icitte qui se trouve par là. Ça ferait tant bénaise de pouère se ramasser toute ensemble une bonne jornée ; pis se recounaître ; pis taper sus l'épaule d'un vieux en le noumant par son petit nom ; pis saluer un descendant de ton aïeu Pit à Boy à Thomas Picoté ; pis déniger au loin une parsoune qui te ressemble, pis qui parle dans ta langue, pis qui fait ton ouvrage, pis qui lèverait point le nez sus toi qu'es rien qu'une forbisseuse de place qu'a jamais rien fait ni jamais rien vu...

...Non, jamais rien vu d'autre que la place des autres que je m'en viens forbir tous les jours que le

Bon Djeu amène. Leux places de bois franc ou de prélat fleuri où c'est que tu t'agenouilles dessus coume pour dire tes priéres. Pis tu frottes. Tu frottes et ramasses leu crasse que tu rapportes le souère dans ton siau. Toute la crasse des autres dans le fond de ton siau... Hé oui !...

...V'là la place la plus crasseuse que j'ai jamais forbie... Jusqu'à des tchas d'encens sus du beau prélat de même, si ça du bon sens asteur ! Sainte-Mére de Jésus-Christ, faut que du monde ait pas grand alément !... Baillez-y un prélat neu' à la Sagouine, pis je vous dis qu'a mettra ses tchas de gomme dans sa spitoune. Sa gomme pis son tabac. Chaque affaire à sa place, que je vous dis, et une place pour chaque affaire. Ben icitte, y a pas de spitoune... ils prétendont que c'est pus la mode. Ça fait qu'ils mettont leux tchas de gomme dans la place, pis leu cendre partout. Partout sus les tables, les bras de fauteuil, les tapis, ou dans des petits cenderiers grous coume mon nombourri et éparpillés à grandeur de maison. Une bonne grousse spitoune en plein mitan de la place vous sauverait toute c'te misère de ramasser la cendre et décoller la gomme partout.

Ils croyont que ça fait moins de déchet parce qu'ils fumont du bout des babines, coume ça... Ils voulont pas entendre parler de chiquer, ça leu fait lever le cœur. Chiquer ça faisait peut-être plusse de crache, mais ben moins de boucane. Et c'est pas la crache qui dérange, c'est la boucane. Parce que la boucane, tu peux pas mettre ça dans une spitoune. Moi ça me fait lever le cœur de penser que chaque fois que tu prends ta respire, t'envales la boucane de tout le monde.

...Y en a qu'avont des maladies, de ce monde-là, même ceuses-là qu'avont la peau ben blanche et ben cirée. Ç'a une belle peau, des cheveux frisés à grandeur de la tête, des ongles longs coume ça et pointus coume des clochers d'église. Pis ça sent le musc et la denti-freeze à jeter à bas. Ben propre que ça paraît du dehors. Mais d'en dedans ? Une parsoune peut pas saouère tout ce qui grouille en dedans à moins de s'en aouère été ouère. Je sais ben qui faisont des oparations asteur où c'est qui ouayont toute. Le ventre rouvert, le cœur rouvert, la caboche rouvarte... oui, ils te rouvront même la caboche, à l'heure qu'il est, t'as qu'à ouère ! T'as le fait de la tête fendue jusqu'au cagouette, à ce qui paraît. Ils ouèront pas la Sagouine couchée sus une salle d'oparation à se faire rouvrir le corps pour saouère ce qu'elle a dans la caboche... Et pis ce qu'elle a dans la caboche, elle l'a jamais caché à parsoune. Gapi, lui, conte que si je nous cachions pour ouère ce que les docteurs pouvont découvri' dans le corps de leu monde, ça serait point un dîner de Nouël que je trouve-rions là... Je pouvons pas saouère. Moi je me figure qu'un corps ouvert ça doit ressembler à tous les autres corps ouverts. C'est quand c'est qu'il est refarmé, avec sa peau ben serrée autour du cou pis de l'estoumac, qu'un corps de riche ressemble pus à ç'ti-là du pauvre. D'abord, le gros de leux maladies, au monde riche, ça leu vient des narffes. Et les maladies des narffes, ça paraît pas. Ils faisont des petites crises de temps en temps, mais ils avont pas la peau noircie, ni des froncles dans la face, ni les jointures tordues, ni les yeux croches, ni de l'eau dans leux genoux de laveuse. C'est ça qui vous défigure une parsoune. Ben des crises... tous les riches en faisont et ils pouvont faire ça avec leux belles hardes sur le dos sans que de rien paraissit... Je l'ai dit à Gapi : Saye malade riche pis saye malade pauvre, c'est point la même maladie. Un mal pour chaque potte, coume qui dirait...

...C'est malaisé d'être pauvre. Y en a qui se figuront qu'y a rien que les riches qu'avont du trouble. Les riches, ils avont leu trouble dans le cœur et dans la caboche. Ben nous autres, j'avons notre trouble dans les ous. Ouais... il vient un temps où c'est qu'une parsoune a pus rien que ses ous. Et ce jour-là, c'est dans ses ous qu'a logera ses troubles. Les docteurs appelont ça des rhumatisses, des artrisses, ou l'équipolent. Faut ben qu'ils leu douniont des noms, s'ils sont docteurs. Et qu'ils te douniont itou une petite bouteille de liniment pour te frotter l'échine. Tu peux te frotter la peau avec toutes les annonces des Almanachs, tu t'arracheras pas les troubles des ous. Y a trop de frette de ramassé là-dedans. Et pis trop de lumbégo et de bardeau. Quand c'est que toute ta vie t'as frotté, pleyée en deux sus un prélat, t'as beau te frotter les ous avec du liniment, t'achèveras tes jours pleyée en quatre. C'est pas si aisé de te redorsser quand c'est que t'es pauvre. Avec ça que t'as jamais été accoutumée à marcher la tête haute, 'tant jeune.

...Ni 'tant jeune, ni 'tant vieux. Un pauvre, c'est fait pour traîner ses galoches de pavé en pavé pis de porte en porte... Traîne tes galoches, ton bréyon pis ton siau. Tu laisseras tes galoches sus la galerie pour pas salir la place que tu t'en viens laver : tu forniras ta moppe, pis ta chaudiére, pis ton savon ; tu t'accroupiras sus un carton pour pas qui te rentrit de l'eau dans les genoux ; tu prendras des grand' travées pour leu montrer ouère que t'es pas regardant à l'ouvrage ; tu gratteras la gomme avec une allumelle, pis tu feras mirer les têtes de clous ; tu frotteras, rinceras, forbiras... pis le souère, ils te bailleront ta paye pis queques vieilles hardes qu'ils voulont pus porter. Tu sortiras de là avec la peau un petit brin plusse craquée et les ous un petit brin plusse raides, mais t'auras les mains blanches, Monsieur !

...Sacordjé oui ! Toutes les femmes du pays avont beau se laver la peau dans le lait de beurre et l'eau de colonne, y en ara jamais une seule qu'ara les mains pus blanches que la Sagouine qu'a passé sa vie les mains dans l'eau.

La jeunesse

Ah ! j'ai été jeune dans ma jeunesse, moi itou, jeune et belle, coume les autres. Ben, c'est ce qui contiont. Et quand c'est que je me mirais dans le miroué — j'avais un miroué à tcheue dans le temps — je me faisais pas zire... Ah ! non, apparence que je faisais pas zire à parsoune de mon temps. Pis le temps finit par passer, et vous autres avec. Mais quand c'est que ça dure, la jeunesse, c'est le meilleur temps. Pour ça oui, le meilleur temps.

La jeunesse d'asteur sait pas ça. A' regimbe, pis a' renâcle, pis a' se rebiffe. A' sait pas ce qu'a' veut. Nous autres je le savions. Je savions juste exactement ce que je voulions : c'est ben simple, je voulions toute. Je pouvions pas toute aouère, ben j'en voulions le plusse possible. Ah ! j'étions pas du monde à nous contenter de la petite motché. Non-non-non !... Pas une motché de crêpe, ni une motché de cabane, ni une motché d'houme non plus. Non, la jeunesse, c'est point le temps des motchés. C'est le temps des grands idéals, coume le prêtre disait. Ben, j'ai eu les miens, mes idéals.

...J'étais jeune, et ben tournée. J'avais toutes mes dents et tous mes cheveux. La peau lisse itou, et les

23

ongles pointus. J'étais... ouais... ah! je faisais pas zire. Ça fait que le jour où j'ai compris ça, ben, j'ai point eu besoin de jongler longtemps pour trouver mes idéals. Ça vient tout seul, un idéal. Tu t'attoques sus un peteau de taléphône du côté des Arvune ou au bôrd du tchai, et t'es sûre qu'il en viendra de partout, tout autant idéal les uns que les autres. Ça fait que là, t'es pris pour choisir. T'as beau vouloir tout aouère, tu peux pas tout aouère d'un coup. C'est coume disait la femme à Dominique, son garçon pouvait pas faire un prêtre, un docteur pis un avocat. C'était malaisé de choisir: ça fait qu'il s'a lancé dans la politique. Ben moi, je pouvais toujou' ben pas choisir la politique... Heh!... j'étais rien qu'une femme, après toute, et une femme d'en bas... Une femme d'en bas, ç'a quasiment rien qu'un choix. Ben cte choix-là, par exemple, ça le choisit pas à motché. Parce que nous autres itou j'avons nos idéals. J'avons pas de vocâtions, ben j'avons des idéals. Une fille d'en bas qu'est encore belle et grasse, et ben consarvée, ça s'adoune qu'a peut faire son choix, si elle a sa tête sus ses épaules. Un choix à la fois.

...Tu t'attoques sus le peteau de taléphône... ou ben tu te promènes d'un bout à l'autre du chemin du roi, de la butte du moulin à la riviére à hache. Pis tu guettes. Ben décourage-toi pas, ça va pas tarzer que tu guetteras pus, parce que c'est les autres qui te guetteront. Ça fait là, tu fais pas mine que tu t'en aparçois, tu continues de mâcher ta gomme et regarder couler l'eau sous le pont, ben tu les perds pas de vue. Tu ouas aussi ben Gilbert à François à Etchenne qui se redresse et se passe la main dans les cheveux, que le garçon de la veuve qui se cache derriére sa galance, que le grand Pacifique en parsoune qu'a la tête dans les rideaux.

Heh !... ben t'es pas assez folle pour te laisser prendre dans les rideaux. Sagouine ou pas Sagouine, tu te respectes !...

...Tu pourras pas te respecter ben longtemps, parce qu'il faut que tu vives... Ça fait que t'ajustes tes idéals à tes moyens. Tu mâches deux tchas d'encens, tu te mets une petite affaire de musc dans le cou pis derriére les oreilles et t'élonges ta marche jusqu'au ruisseau des pottes. Là t'es sûre qu'y ara tout le temps du monde. Y ara du monde, mais y ara la Bessoune itou. Et si tu t'en vas trop proche de la pointe, y ara la Sainte. Ah ! celle-là, a'vous a une maniére de faire ! a' vous les a toutes à coup de chapelets pis de mé-dalles. Jusqu'à Bazile à Pierre qu'elle a mené faire ses trente-trois chemins de croix. Quoi c'est qu'ils faisiont entre les chemins de croix, ça, parsoune peut le dire... Hé ben, y viendra tout le temps des goèlettes et des steamers. C'est coume j'ai tout le temps dit : aussi longtemps qu'y a un tchai queque part... La mer, c'est ce qui nous a sauvés, nous autres. Sans les épelans, les coques, les huîtres, pis les matelots...

Ça venait de partout ces matelots-là. Souvent je compornions pas un mot qui leur sortait du nez. C'était point du monde de par icitte, ben du bon monde pareil. Gapi, lui, il a tout le temps dit qu'il fallit se méfier. Mais c'est pas lui qu'a la fiance sus le bôrd du cœur, Gapi. Pourtant, quand c'est que la guerre s'est déclai-rée, la darniére, y avait un grous steamer au tchai qu'avait pas prévu la guerre et qu'a pas eu le temps de s'aouindre de la baie. C'était plein d'Allemands, là-dedans, du monde qu'était pas de notre bôrd. Ils les avont pognés et jetés en prison. Y en a qu'avont dit que c'était une boune affaire, qu'il fallit pas quitter les méchants lousses et nuire au monde. Ça c'est sartain qu'il fallit pas les quitter nuire au monde. Seurement, je savons-t-i' de quel bôrd qu'est le bon monde ? Pis tout le bon monde est-i' du même bôrd ? C'est intchetant, ça. Une parsoune a beau asseyer de s'endormir le souère sus son bon bôrd, a' peut pas s'arrêter de jongler qu'elle a connu des matelots qui lui aviont paru ben bons, même qu'ils étiont sus le mauvais bôrd.

Je me souviens de c'ti-là qui baragouinait queques mots d'anglais, même si i' venait point d'Angleterre ni des États, et que l'anglais était point son jargon à lui. Non, il parlait une langue étrange qui ressemblait à rien. Ben pour se faire comprendre, il avait ragorné une petite affaire d'anglais dans les îles, ça fait que j'arrivions à nous parler tous les deux. Parce qu'avec les autres, j'avais point accoutume de parler beaucoup, et pis je cherchions pas à nous comprendre. Ben c'ti-là...

Il avait les cheveux jaunes, pis les yeux chagrinés. Ça m'a pris ben du temps à saouère pourquoi. Les yeux chagrinés, je veux dire. Même je pourrais dire que je l'ai jamais su de bord en bord. J'ai dû me contenter d'aouère ma petite idée sus un malheur passé qui y arait arrivé dans son pays, au loin. Par rapport qu'i chantait tout le temps la même chanson qui racontait la déportation d'une famille. C'est ça qu'i' m'a espliqué. I' riait jamais, c'ti-là, et il avait point l'air de prendre goût à la vie, coume les autres. C'est pour ça que parsoune en voulait, même pas les filles de la Butte-du-Moulin. Ben moi...

Au coumencement, j'en avais maniére de pitché, pis compassion. Il était maigre, pis i' chantait tout le temps tout seul, assis sus le beaupré. Ça fait que je m'approchais proche pis je m'assisais à côté de lui. Pis je me taisais. Je regardions la mer au loin tous les deux.

Par les petits, il s'a remis à chanter devant moi, pis à me regarder; pis à la fin, je nous parlions anglais coume deux vaches espagnoles, coume i' contont. Pis c'est là que j'ai coumencé à remarquer ses yeux chagrinés, pis sa belle tignasse de cheveux jaunes, pis ses mains pus blanches et mieux consarvées que c'telles-là d'un avocat, t'as qu'à ouère. Pis quand c'est qu'i' chantait, ça me virait l'estoumac à l'envers coume si tchequ'un m'avait baillé un coup de poing dans le ventre. Je compornais pas pourquoi, ben je voyais pus les autres pantoute, pis je reculais même devant des bounes offres. Même Gapi s'a aparçu que...

Ah! c'était malaisé, malaisé à espliquer. Me r'semblait que la mer avait changé de couleur, qu'elle était ben pus bleue qu'elle avait accoutume, et pis que les poissons nagiont juste au ras de l'eau coume pour s'amuser avec les goëlands. Les autres s'avont mis à nous faire enrager pis nous appeler des noms, ben ça me faisait rien... quasiment rien...

...Pis un jour, ils avont déclaré la guerre, à l'aube. Et le steamer a été pogné à l'embouchure de la baie; et ils avont jeté les matelots en prison pour toute la durée de la guerre, qu'ils avont dit. Par rapport qu'ils étiont du mauvais bôrd. C'est pour ça qu'i' fallit les tuer pis les jeter en prison. I' me r'semble que la mer a changé de couleur d'un coup sec et que les goëlands z-eux-mêmes avont pus jamais crié coume avant. Une parsoune a beau asseyer de s'endormir le souère... c'est intchetant, pis tu peux pas t'arrêter de jongler.

Pis i' vient un temps que tu jongles plusse parce que t'es pus aussi jeune que t'avais accoutume. Ça vient avec les ânnées, ça, la jonglerie. C'est peut-être parce que quand c'est que tu vieillzis, t'as plusse de temps pour jongler... C'est malaisé à saouère. Gapi, lui, il dit que jongler c'est rien que bon pour te bailler des ulcéres d'estoumac. Ben Gapi, il doit en aouère l'estoumac paouaisé, parce qu'il a rien fait d'autre dans sa vie. À part de badgeuler.

...Gapi, il a rien qu'un défaut : c'est un badgeuleux. Ça le pornait chaque fois que je partais pour la ville. Parce qu'il était pas accoutumé, Gapi. Au coumencement, j'avais point besoin de m'exiler pour vivre. Je pouvais rester au pays ; y avait de l'ouvrage en masse entre le ruisseau des pottes et la butte du moulin. Ben quand c'est que tu coumences à vieillzir, t'es obligée par les petits de larguer du terrain. Parce que t'es pas tout seule à gâgner ta vie. Pis quand c'est que t'es pus jeune, t'es sûre qu'y en a des pus jeunes que toi. Et ça finit que t'as beau te désâmer à mâcher tes trois tchas d'encens pis à user tous les cailloux du chemin du roi, t'aparçois pus un brin de Gilbert à François à Etchenne, ni même un ombre de Pacifique dans les rideaux. Ça fait que t'es forcée de t'exiler. Et tu happes la bus et tu débarques à la ville une fois par semaine. Ça, Gapi a jamais pu l'envaler. Parce qu'icitte, il voyait au moins ce qui se passait. Mais à la ville... Viens-y, que j'y ai dit, viens ouère... Pas de danger. Il badgeule, mais il grouille pas... C'est point aisé.

Et pis y a les enfants qui se mettont à grandir. Faut ben, tu peux point empêcher ça. Ça fait qu'une fois grands, ben ils avont les yeux rouverts jusqu'aux usses. Et ils te questiounont. Quoi c'est que tu vas faire à la ville ? Pourquoi c'est que t'apportes pas ta moppe pis ton siau si tu vas forbir la place de la stâtion ?... Ça finit que tu l'apportes, ta moppe pis ton siau ; parce que tu finis dans la place de la stâtion. Ouais... Quand c'est qu'y a pus d'ouvrage sus la Main, tu t'en vas forbir la place de la stâtion. Pis celle-là de l'Assomption. Pis celle-là à Radio-Canada. Ah ! quand c'est que t'es rendue à quatre pattes dans la place à Radio-Canada... t'es rendue ben bas... ben bas. Par rapport que c'est d'en bas-là, avec les mains dans ton siau et le nez dans ton bréyon, que tu ouas se mirer dans ta place des faces que tu counais... Ouais... Dans ces grandes bâtisses-là, il passe du monde dans une jornée. Et il finit tout le temps par passer du monde que t'as déjà vu sus ta Main. Eux autres te reconnaissont pas, mais toi tu les recounais. Et tu te demandes quand c'est que t'es rendue plusse bas : les genoux sus ton siau ou ben... Faut qu'une parsoune vive, ouayez-vous. C'est la seule chouse qui compte. Idéal ou pas idéal, il vient un temps où c'est qu'il faut qu'une parsoune vive et attrape les deux boutes.

...Pouvu que t'attrapis pas d'autre chouse, entre les deux boutes. C'est ça qu'est le plus grand malheur. Tu te fais à toute, par les petits : tu te laisses pogner, pis lâcher, pis repogner, pis relâcher, pis tu sais que tu pardras ton peteau de taléphône et que tu finiras dans la place de la stâtion. Ça, tu t'y fais sans rechigner, c'est ton ouvrage. Ben pourquoi c'est qu'il faut que t'attrapis toute sorte de chouses en plusse ? Vous vous souvenez de la belle Adélaïde, la fille à Philippe au P'tit Jean ? Si jamais le pays entier avait vu une belle créature, c'était celle-là. Ronde, pis rouge, pis rusée coume pas une. Ben pas aisée, par exemple. Coume qui dirait, elle avait la farlaquerie pis la fripounerie dans le sang. C'était pas une descendance des Bois-francs de Memramcook pour rien. Ben voulez-vous saouère ? Elle a pas tchent son peteau trois ans, qu'elle avait déjà les jambes enflées coume des pontchines, et des purons sus les bras pis sus les joues. Pus regardable au boute de trois ans, la pauvre esclâve. Si vous croyez que c'est juste ! Gapi, lui, il dit que c'était tant mieux pour yelle, qu'elle avait beau... Ben Gapi, il sait pas ce qu'il dit. Faut qu'il badgeule.

Le pire, c'est quand c'est qu'il venait un grous bateau des vieux pays, et que t'étais sûre de pas manquer d'ouvrage, et qu'en même temps, il vous dévalait des filles de toutes les buttes comme une vraie pidémie de sauterelles en Égypte. Ça venait du fond des concessions. Pire que des mouches. Et ça pornait toute la place, pas de soin. T'avais beau sortir à six heures, ces souères-là, t'étais assurée d'avance que tous les peteaux seraient pris. Les peteaux pis le pont. Y en a même qui s'attoquiont sus les marches de l'église, pensez ouère ! Ça pas d'alément, ce monde-là, et pas autchun respect. Ça sait pas vivre et ça s'en vient vous prendre vos places icitte. Si vous les aviez vues avec leu farine dans la face et leu jus de bettes sus les joues ! Si y avait du monde qui counaissait ça, le jus de bettes pis la farine, c'était nous autres, ils pouviont pas nous en remontrer. Ça ressemblait tout ce qu'on veut pis ça se mettait en train de nous arracher le pain de la bouche. Ça se contentait pas de mâcher de l'encens ordinaire ou de la gomme à bois ; fallit que ça fit des balounes et que ça nous les faisit peter à la face pour se montrer. Le temps a venu que j'en avions par-dessus la tête, de leux balounes, et de leu bec en cœur, et de leu nez dans la farine. Toutes pus grousses que des boueyes, à part de ça, des filles à deux jaunes, coume j'avions accoutume de les appeler. Ben les filles à deux jaunes aviont un jaune de trop, parce qu'ils nous avont tout pris : nos peteaux, notre chemin du roi, notre gâgne-pain. Et c'est là que j'avons dû partir pour la ville, coume la Sainte Famille... Quand c'est qu'une parsoune est pus jeune, c'est malaisé... ben malaisé.

...C'est tout le temps malaisé quand c'est qu'une parsoune est obligée de gâgner sa vie. Ah ! tant qu'à ça, je sons pas les seuls. Faut ben que tout le monde gâgne sa vie. Les docteurs, pis les vendeux d'assurances, pis les genses du gouvarnement, ça travaille aussi fort que nous autres, ça. Coume nous autres, c'est tout le temps sus le chemin, jour et nuit. Pis faut que ça faise des maniéres au monde, et pis que ça en promette plusse que ça peut en douner, et pis que ça... et pis que ça descende ben bas des fois. C'est pas tout le temps de l'ouvrage propre qui faisont, eux autres non plus : apparence qu'y a des docteurs qui mettont au monde jusqu'à deux paires de bessons par nuit ; et des agro- nômes qu'avont étudié des ânnées dans les colléges et qui sont obligés d'aller mettre leu nez dans le fumier pour ouère s'il est bon ; et des avocats et des membres du gouvarnement... vous dire ce qu'ils sont forcés à faire, ceux-là, pour gâgner leu vie... Je sons pas les seuls à travailler dur, et je nous plaignons pas. Après toute, y en a des pires que nous autres. Je l'ai tout temps dit : quand c'est que t'es portée à te plaindre, la Sagouine, regarde autour de toi ; tu t'aparcevras que la vie est malaisée pour tout le monde, et qu'y en a tout le temps des plusse mal pris que toi...

...Il vient un temps où c'est que ça fait du bien de saouère que t'es pas tout seul.

Nouël

J'ai beau être une Sagouine, je sais ce que c'est qu'un Nouël de chrétchen. J'en ai vu soixante-douze dans ma courte vie, c'est pas assez pour s'en faire une idée ? Et pis surtout, qu'ils se ressemblont toutes, leux Nouëls. Tout du même au pareil. Des cloches, des étouèles, des bebelles, du papier crêpé, des anges, des Santa Claus et la crèche à côté du sanctuaire. Une belle crèche en grous papier gris que ça limitait du rocher à pas saouère dire la diffarence, je vous le dis coume je suis là. Et des animaux partout pour boucher les trous : des borbis, des camules, des bargers, pis une boune demi-douzaine de rois mages qui portiont des présents : de l'or, pis de la cire, pis de l'encens... J'ai jamais compris qu'on pouvait apporter de l'encens à un enfant nouvel-lement-né pour y faire un présent... il a même pas ses dents pour mâcher, le marmot. Mais à ce qui paraît que c'est écrit, et je sons pas pour nous mettre à regimber contre les Écritures, à l'heure qu'il est.

Mais Nouël, par chus nous, coumençait pas à l'église ; il coumençait sus les Arvune. C'est pour vous dire que de mon temps, j'avions pas besoin de calende-rier de l'Aratouère pour ouère arriver Nouël ; j'avions rien qu'à guetter les châssis des Arvune. Un bon jour, v'là que ça se mettait à briller c'tes châssis-là. Tout était en limitation : les gâteaux, les anges, les donuts, et jusqu'au sapin qu'en était point un vrai. C'est pas parce qu'il en manquait, des sapins, dans les bois, mais un sapin de pluche, coume ça, ils disont que c'est ben plusse beau et ben plusse cher. Ah ! pour ça, les Arvune, ils étiont pas regardants à la dépense au temps de Nouël. Ils vous aviont un stock de bebelles et de butin que ça vous faisait venir l'eau à la bouche, ma grand foi !

Pas que je pouvions acheter rien de ça, nous autres, mais je pouvions regarder. Je regardions la femme à Dominique qui venait s'acheter des boules de Nouël, et des chandelles, et du papier d'argent pour décorer son âbre ; et les enfants du banquier qui s'achetiont des pinottes à la livre et des bananes ; et la grand'Carmélice au P'tit Georges qui s'achetait tous les ans sa boîte de Moirs-tri-X de cinq livres ; et ceuses-là qui s'achetiont des ourses de poil, pis des catins-qui-braillent, pis des chars aléctriques. Y a des enfants qui manquiont de rien à Nouël et qui mangiont des oranges à s'en chavirer les boyaux.

Mais plusse que ça approchait les fêtes, et plusse qui venait du monde des concessions. Des vrais sauvages, pornez-en ma parole qu'a jamais menti. On arait dit que ça avait jamais rien vu. Il fallit que ça ouâ toute, il fallit que ça touchit à toute, c'était pire que du monde de Cocâgne, c'est moi qui vous le dis. Poussez-vous une petite affaire, que je leur disions. Mais pas moyen, ils porniont toute la place, les effarés, et si je les avions laissés faire, ils nous porniont notre Nouël.

Ça fait que je les abandounions à leux châssis et je nous en allions au bingo. Oh ! pas pour jouer, j'étions pas du monde à pouère nous payer une carte à chaque bingo. Mais j'allions regarder jouer les autres. À tous les samedis souères et des fois les dimanches après-midi, les Dames de Sainte-Anne organisiont un bingo paroissial pour les pauvres. Et nous autres, j'allions les ouère jouer. Pas longtemps, parce qu'ils noumiont des Ligues du Sacré-Cœur pour faire respecter l'ordre, et je finissions tout le temps par nous faire jeter dehors. Par rapport à la Sainte qu'a jamais pu apprendre à se farmer et qui disait tout haut à la femme au barbier où c'est placer ses pitons... Ben, j'en avions toujou' ben attrapé un boute.

Je manquions rarement la séance itou. À chaque ânnée, les sœurs pratiquiont une séance de Nouël avec les filles du couvent. Ils chargiont rien pis ils aviont un prix de la porte. Ils changiont de prix à tous les ans. Boy à Polyte a rapporté une estâtue de la Petite Thérèse, Francis Motté en a rapporté une de Mârie-reine-des-cœurs, et la Cruche a gâgné une Maria Goretti qu'était assez grousse, qu'elle a été obligée de la laisser à la chapelle du couvent. Tout le monde pouvait pas gâgner l'estâtue, mais je pouvions toujou' ben regarder la séance. Et je savions juste le temps quand c'est brailler ou renifler parce que je voyions la séance à tous les ans. Une vraie belle séance, ça, faut le dire. À la fin, y avait un ange avec des ailes roses et une étouèle sus le front qui levait les deux bras ben raides et qui huchait : « Il est venu parmi nous pour sauver les pauvres ! » Pis là, fallit se sauver au plus vite parce que les sœurs coumenciont à rouvrir les châssis de la salle pour faire de l'air.

Y avait itou la distribution des présents la veille de Nouël dans le soubassement de l'église. Chaque pauvre avait droit à son présent. Les enfants, ben sûr. Quand je coumencions à grandi', j'avions pus droit, ça fait que je regardions la distribution. Apparence que c'est les croisées-eucharistiques qui aviont tout fait les patchets, avec les enfants-de-chœur. Ils travaillont durant tous les Avents à ragorner des bebelles de porte en porte pis à les ramancher, parce que les enfants d'en haut étiont pas pour bailler aux pauvres leux bounes affaires. Ça fait que le jour de la distribution, y avait un petit prône du curé qui finissait tout le temps par : « Aimez-vous les uns les autres ! » pis la chicane pornait. Vous compornez, ces enfants qui receviont un aroplane qui vole pus ou ben une petite catin-qui-pisse qui pisse pas, ils se mettiont à brailler et ça finissait en jeu de chiens. Surtout qu'ils en aviont vu depuis un mois dans les châssis des Arvune des aroplanes-qui-volent et des catins-qui-pissent ; ils saviont ce que c'était. Ils aviont pas de présents, chus eux, mais ils counaissiont ça. Ça fait que les enfants-de-chœur et les croisées-eucharistiques étiont ben chagrinés parce qu'ils aviont fait leu possible pour faire leu bonne action. Mais le prêtre leu disait qu'y avait pas de quoi se chagriner puisque c'est l'étention qui comptit. Ça fait que les enfants-de-chœur s'en retorniont avec leu boune action, et les enfants d'en bas avec leux aroplanes cassés. Pis le lendemain, c'était Nouël.

Le vrai Nouël, pas c'ti-là des Arvune, mais c'ti-là des chrétchens, coumençait entre chien et loup la veille au souère. La coumission des liqueurs achevait de barrer ses portes, fallit que chacun rentrit au logis. Ça fait que toutes les maisons s'éclairiont que le village lui-même se mettait à r'sembler à un grous âbre de Nouël. C'était l'heure que j'avions accoutume de varger sus les enfants pour les envoyer se coucher, mais ce souère-là, fallit varger dessus pour les garder deboute. Hé oui ! c'est le seul souère de l'ânnée que les mousses vouliont se coucher, par rapport à Santa Claus qui dévalait par la cheminée quand les enfants dormiont. C'est les enfants des autres qui leur aviont mis ces histoires-là dans la tête, et ils les aviont crus. J'avions beau nous bailler une vraie crise de courte-haleine à leu faire comprendre que Santa Claus pouvait pas saouère où c'est que je restions, nous autres, et pis que j'avions même pas une cheminée... ils vouliont rien comprendre, les enfants, et nous dormiont sus les bras.

Mais ils se réveilliont quand c'est que Noume crinquait sa gravaphône. Tout le monde se réunissait sus l'Orignal et là, Noume sortait sa gravaphône qu'il avait rapportée de l'autre bôrd. Y en a qui avont asseyé de dire que ça y avait point été douné, c'te gravaphône-là, au Noume. Ben ceuses-là avont eu affaire à l'Orignal qui leux a promis de leur douner de quoi qui leu ferait regretter leux paroles s'ils se taisiont pas. Ça fait que je sortions les récords et je crinquions : Willy Lamotte, la Bolduc, et pis « Tse long way to Tipperary ».

À onze heures, ceuses-là qui pouviont encore se tenir deboute se rendiont à l'église pour la messe de mênuit. Je partions de boune heure pour asseyer d'aouère des places. Pas des places assis, j'avions pas notre banc, nous autres, mais j'avions le droit de rester deboute en airiére de la grande allée par rapport que c'était Nouël. Je pouvions pas suire la messe parce que j'avions pas de place dans les bancs, mais je pouvions ouère la parade quand c'est qu'a passait en airiére de l'église. Le prêtre se gréyait dans ses pus belles hardes : des soutanes, des écoles, des chasubes, des surplus par-dessus surplus à pus saouère quoi en faire. Et tout ça en dentelle de couvent. Pis veniont les vicaires, et pis les Enfants-de-Mârie, et pis les enfants-de-chœur qui portiont l'Enfant-Jésus-de-Cire sus un brancard. Ils le portiont avec sa belle robe en dentelle et ses beaux cheveux frisés droite dans son étable, entre la jument pis le bœu'.

Il avait point besoin d'aouère peur pour sa robe blanche, le petit, ça sentait pas l'étable là-dedans, y avait pas de fumier dans sa crèche, c'est la Sagouine qui vous le dit. Ah! non. Une belle crèche en beau carton ben propre, et une belle couvarte de soie bleue dans son auge, et de la boune paille en papier fin, et des animaux en pluche rasée... ça sentait point la borbis ni la grange là-dedans. Y a rien que nous autres qui sentions point à bon dans toute l'église, c'est pour ça que je restions en airiére. J'avions pas de hardes de dentelle, nous autres, ni de tête frisée. J'arions même pas pu nous mettre à côté des bargers, t'as qu'à ouère!

D'accoutume, je sortions à l'heure du prône. C'est pas que le prêtre parlait pas ben... il avait une voix qu'arait pu se faire entendre du Fond de la Baie, s'il avait voulu se douner la peine. Mais à la messe de mênuit, il élevait jamais la voix, il chuchotait quasiment rien que pour les bancs d'en avant par rapport qu'il était ému. Mais nous autres, je compornions rien. Et pis, je voulions pas sortir en même temps que les autres pour pas nous faire remarquer. Ça fait qu'une fois passé le Mênuit chrétchen et Ça-borgers-ras-semblons-nous, je nous rassemblions toutes devant la porte de l'église et je nous en allions finir Nouël dans nos cabanes.

Là, je m'en vas vous dire que le fumier c'en était du vrai, et la paille itou. Et si j'avions eu une étouèle filante pour accrocher sus le cadre de la porte, peut-être ben que les rois mages se seriont trompés et seriont venus porter leur or pis leur encens chus nous. Mais ils sont jamais venus... parsoune. Ça fait que Nouël, c'était coume pour le bingo pis les Arvune : je jouions pas, j'achetions rien, mais je regardions acheter pis jouer les autres. C'est coume ça que j'avons regardé passer l'Enfant-Jésus-de-Cire qui s'en a été droite dans sa crèche... et nous autres je nous en avons venu droite chus nous, coume d'accoutume.

Si un beau Nouël la procession se trompait de boute et ersoudait icitte dans nos cabanes... les bargers, les rois mages, les camules, Joseph et Marie, pis le petit... toute la Sainte Famille avec les anges pis les archanges, pis la jument pis le bœu' qui s'écarteriont, pis se tromperiont de chemin et s'en vienderiont lander chus nous coume par adon... Voyez-vous ça !

C'est l'Élisabeth à Zacharie qui ersoudrait des buttes de Sainte-Marie pour venir nous avarti' que l'une de ses cousines est partie pour la famille, asteur. Et nous autres, je nous dépêcherions de netteyer la place, et déniger un borceau dans le gornier de la Sainte, et y tailler une couvarte dans un vieux confortable, au petit ; et j'arions toute de paré, ben paré pour le receouère. Pis je guetterions. Je guetterions que les anges veniont chanter leu Gloria in Exelsis Deo sus la baie pour avartir les autres qu'y a un Enfant-vous-est-né dans l'une des cabanes du bord de l'eau.

Ça fait là, je verrions ersoudre tous les pêcheux de leux cabanes à épelans, et tous les pauvres genses de leux niques, et la Sainte, et l'Orignal, et la Cruche, et moi pis Gapi... et j'envoyerions qu'ri' Sarah Bidoche, la sage-femme, pour aider au cas de besoin. Ben il arait pas besoin de Sarah, le nouveau-né, pour venir au monde, par rapport que tout ça se passerait coume c'est écrit dans les Écritures, coume par miracle. J'arriverions juste pour ouère ça : l'Enfant-Jésus dans les bras de sa mére ; avec Joseph le pére présomptueux, coume ils appelont, attoqué sus sa fleur-de-lys ; pis la jument pis le bœu' qui souffleriont sus le borceau pour le réchauffer. Et les Rois mages seriont à genoux devant lui avec des présents. Des vrais présents, c'te fois-cite, pas de l'or pis de l'encens ; des présents d'enfant, coume un ours de pluche ou ben une toupie qui joue des airs de Nouël.

Chus nous, dans nos cabanes, me r'semble que j'arions point honte de nous tchendre à côté des bargers pis des camules. J'suis sûre que Don l'Orignal trouverait de quoi à dire à Joseph pis aux Rois mages. Peut-être ben que Gapi itou se mêlerait aux houmes et passerait son tabac à Zacharie. Oui, je crois ben que oui : Zacharie, ça m'a tout l'air d'un houme fait coume Gapi ; i' met point sa fiance dans le monde, lui ; pis i' pouvont point y faire des accroûères. Gapi serait ben, assis sus le même banc que lui.

Me r'semble ouère la Cruche itou aller parler tout bas à la Sainte Viarge, pour tout y dire, tout y dire ce qu'elle arait jamais pu dire au prêtre asseurement. Ou ben qu'a' y dirait rien entoute, ben qu'a' se tchendrait proche, pis i' rireriont ensemble en regardant le petit, toutes les deusses.

Pis j'envoyerions qu'ri' Noume avec sa gravaphône pis ses records. Pis Gérard à Jos avec sa bombarde. Pis peut-être que je pourrions y chanter une complainte ou ben «Tse long way to Tipperary.»

C'est sûr que faudrait que la Sainte s'en mêlit encore un coup et s'en venit jeter son vinaigre sus la fête. A' pourrait aussi ben leu faire un prône, à toute la Sainte Famille, et dire aux rois mages de se placer de chaque bord du borceau, pis aux bargers de se tchendre droite avec un genou en terre. C'est sûr et sartain que c'est pas de même qu'a' verrait Nouël, yelle, la Sainte.

Ah! pis je crois ben qu'elle arait raison. Si la procession se trompait de boute et ersoudait icitte dans nos cabanes... ça serait pus Nouël pantoute. Par rapport que je pourrions point décorer nos devants de portes avec du papier crêpé et des lumiéres couleurées, nous autres. Pis j'avons point de cloches, ni d'étouèles, ni de bebelles, ni de Santa Claus, ni de crèche en grous papier gris pour limiter du rocher à pas saouère dire la diffarence. Non, j'arions rien pour le receouère, l'Enfant-Jésus, ni dentelle, ni couvarte de soie, ni papier fin pour faire de la paille. Rien entoute pour y faire une belle fête de Nativité.

Non, un beau Nouël de même, c'est point fait pour du pauvre monde.

La boune ânnée

Hé oui !... ç'a été une ben boune ânnée... une parsoune peut pas se plaindre... une ben boune ânnée, c'est moi la Sagouine qui vous le dis. J'en avions pas eu de pareille depuis la fameuse de pluie quand c'est que la sorciére de vent avait décollé toutes les couvartures des logis... Une ben boune ânnée. Point de roulis de neige, point de morts subites, point d'esclopés, point de poumons-au-vif, point d'eau dans la cave... rien qu'un petit brin... quelques pieds... d'abôrd moi, ça me bodrait pas, j'ai pas de cave... et pis point de neuvaine de nuits sous zéro à grelotter derriére le poêle. Point de beluets, non plus, c'est vrai... mais des cenelles pis de la faine que les étchuraux en corviont d'indigestion. Et pis des coques ben gras et ben pleins de vase, et pis des noces, un pique-nique à Sainte-Mârie et des aléctions... Une ben boune ânnée, sacordjé oui !

Ç'a été la boune ânnée du pauvre monde. Vous compornez, avec un hiver de doux temps, un été de coques et pis un automne d'aléctions, tout ça la même ânnée, quoi c'est que vous voulez que je demandions de plusse, nous autres ? Pornez une boune grousse hiver frette où c'est qu'une parsoune a grandement besoin de se chauffer. Eh ben, si j'avons du frette, j'avons de la glace ; et si j'avons de la glace sus la baie, je pouvons travorser en petite traîne dans l'anse y ragorner nos écopeaux et nos hâriottes pour nous chauffer. C'te ânnée, c'était un hiver doux, pas de glace, ben pas de frette ; pas d'écopeaux, ben pas besoin de chauffer le poêle à blanc et pis de nous assire dessus. C'est ben arrangé coume ça, et j'ai pour mon dire qu'y a un Bon Djeu exprès pour le pauvre monde... Gapi, lui, il dit que je serions mieux avec du chaud dans la maison, et de la glace sus la baie. Mais il en demande trop, Gapi, c'est ce que j'y dis. Faut se contenter du sort que le Bon Djeu nous a fait. Et une parsoune peut pas toute aouère.

Ah ! pour ça, y en a qui sont pas contents. Ils avont pour leu dire que si la baie gèle pas, les pêcheux pouvont pas haler leux cabanes sus la glace et que les épelans restont sous l'eau. C'est vrai que des épelans, c'est fait pour vivre sous l'eau... mais nous autres, je sons faits pour manger si je voulons vivre. Ça fait qu'à longueur d'ânnée, c'est une vraie guerre entre les pêcheux pis les poissons : les huîtres, les épelans, les palourdes, les coques, les mouques, y a rien que les baleines qu'ils avont pas asseyé de pogner. Heh !... avec les dorés que j'avons à la côte, pogner une baleine !... ça serait coume grimper une camule dans ma borouette.

Mais je nous plaignons pas, ben non... parce qu'y a toujou'ben eu les coques, si y a pas eu d'épelans. C'est coume je disais à Gapi, c'est tout le temps une ânnée à queque chouse. Coume si les poissons se comporniont pas là-dessous, et montiont la baie tout chacun leu tour. Seurement, ils pourriont peut-être ben s'entendre pour qu'y ait tout le temps de quoi dans le fond de l'eau. Vous compornez, les huîtres sont là l'hiver, mais les coques, c'est coume les ourses, ça sort au printemps. Ça fait que nous autres, quand c'est qu'y a pas de glace... eh ben je mangeons des crêpes pis des fayots.

Ça c'est un autre affaire que je dis à Gapi : De quoi c'est que tu plains ?... Pas d'épelans, ben des stamps, que j'y dis. Moins y a d'épelans et plusse qu'y a de stamps. C't'ânnée, j'avons mangé sus nos stamps tout l'hiver. Par rapport que le gouvarnement peut pas quitter le pauvre monde sus leu faim, il peut pas nous quitter corver le ventre creux. Par rapport que je sons des citoyens à part entchére, que nous a dit la sarveuse-visiteuse, ça fait que je mangeons des crêpes et des fayots toute l'ânnée... Non... au printemps, quasiment au mois de juillet, j'avons des tétines-de-souris pis de la passe-pierre. Je partons en petite dôré pis j'allons en ramasser sus la dune.

Je me souviens quand je nous avions marié, la premiére fois, je nous en avons été finir la noce sus la dune. J'ai ramassé de la passe-pierre toute la jornée que je m'en ai baillé un tour de reins. Gapi, lui, pornait des tétines-de-souris... Ben des ânnées avont coulé sous les ponts et j'aimons encore ça, t'as qu'à ouère !

Pour des citoyens à part entchére, je manquons de rien, ça faut le dire. Moi je me lève de bon matin et je fais des crêpes pour que j'en ayons toute la jornée. Arrivé le souère, ils avont été réchauffées deux fois, ça fait que je les mangeons avec de la mélasse pour outer le goût. Pis le samedi pis le dimanche, c'est des fayots. Tout un chacun a sa couvarte itou. À partir de sept heures le souère, je coumence à les passer au forneau pour les réchauffer. Ben ça me prend la veillée, parce que quand c'est qu'y en a une qui réchauffe, y en a deusse qu'avont le temps de refroidir, et c'est tout le temps à recoumencer. Jusqu'à temps qu'ils s'endormiont à trembler coume si je les borçais. Quand c'est qui dormont toutes, je les porte dans le même lit, les petits pis les grands. Ça fait que là, moi pis Gapi je pouvons aller nous coucher. Un vrai matelas avec des ressorts que le prêtre nous a douné. Même que les ressorts nous rentront dans l'échine si je pornons pas garde.

Au mois d'août, j'avons été au pique-nique à Sainte-Mârie. J'y avons été en dôré et je nous en avons venu en truck. Le truck à François à Pierre à Jude. Ouais... un beau truck jaune pour charrier de la feed. Coume ça, j'étions assis dans les cotchilles pour y aller et dans la feed pour nous en venir... Un vrai beau pique-nique, ça faut le dire. Y avait de toute sus le terrain : des ballounes, des auréoles, des poutines, des maisons de jeux, des danses carrées, des bingos, des sublets, du fricot pis des donuts... Il manquait de rien. Ah ! non, pour ça, il faut dire que c'était ce qu'une parsoune peut appeler un beau pique-nique. Avec un esposition d'agronômes par-dessus le marché. J'avons encore jamais vu de quoi de même, nous autres.

...Des processions de veaux, pis de cochons, pis de borbis, t'as qu'à ouère ! Oui, apparence qu'y a des farmiers qui passiont l'ânnée à redresser leux animaux pour l'esposition. Ben arrivées à Sainte-Mârie, les pauvres bêtes étiont tout épeurées pis tout énarvées. À cause de la roue de fortune pis de la merry-go-round qui leu torniont autour de la tête. Ça fait que c'était malaisé pour les juges de les faire marcher en rang, deux par deux, coume du temps que j'allions à l'école. Ben tant qu'à ça, les petites taures pis les poulains aviont meilleure mine que nous autres. Ils les aviont nourris ceuses-là, pis engraissés, pis fait profiter de

force durant toute l'ânnée pour ben paraître à l'esposition. Ah ! pour ça, c'était des belles pièces d'animaux
et qu'aviont tout l'air d'aouère manqué de rien. J'ai
même vu une truie qu'était assez grasse, ma foi du bon
Djeu, que je crois ben qu'i' l'aviont nourrie à la crême
pis au chocolat, c'telle-là. Ben c'est yelle itou qu'a
rapporté la pus grousse médalle.

Pis ils avont baillé une médalle au barbier
qu'était le pus vite à raser une borbis ; pis au coq qui
chantait le plus fort ; pis au dinde qu'avait la pus belle
tcheue ; pis à la femme qu'avait la pus belle couvarte ;
pis à c'telle-là qu'avait les meilleurs cakes à la me-
lasse ; pis à la vache qu'avait les pus grousses
remeuilles ; pis au bœu'... ah ! oui, ils aviont une
médalle itou pour le taureau : c'est coume ça qu'ils
appelont le bœu' de garde qu'est le champion de la
r'production. Ils l'aviont fait venir de loin, c'ti-là, de
l'autre bord d'Acadieville, et ils chargiont cinquante
cennes par tête pour aller le ouère dans sa cage. Moi, je
l'ai point vu. Ben Majorique à Nézime, lui, l'a vu pour
rien : par rapport qu'il a dit à l'agronôme, coume ça,
qu'i' pouvit point payer six piastres pour ouère un
bœu', asteur.

— Cinquante cennes, que l'agronôme y a dit.

— Ben non, six piastres, qu'y a dit Majorique à
l'agronôme ; par rapport que moi, ouayez-vous, j'ai
onze garçons à part de moi.

Quand c'est que l'agronôme a vu ça, il a dit à
Majorique de point grouiller. Et pis i' s'en a été qu'ri'
le bœu' pour venir le ouère.

...C'est ça que Boy à Polyte nous a conté ; ben
c'est pas garanti que c'est une histouère vraie, par
exemple.

Pis tout d'un coup, en plein pique-nique, v'là le président qui grimpait sus une table — c'était un Léger de Saint-Antoine asseurement — et pis là, i' faisait taire le monde, gardait silence pis se taisait. Ça fait que j'espèrions. Pis quand c'est que je ouayions qu'i' se passait rien, ben je recoumencions à gigoter des pieds pis à marmotter. Là, il soufflait dans son microphône, le président, pis disait : un, deux, trois, j'y vas. Pis i' se mettait à hucher. Mais i' ventait trop fort, ça fait que je compornions rien. Ben ça faisait pas grand diffarence, par rapport qu'y a tout le temps queque parouessienne autour du président qu'esplique à mesure. C'est coume ça que j'avons su qu'ils annonciont le souper au fricot pis aux poutines râpées.

Oui, un vrai souper aux poutines, t'as qu'à ouère, pis au fricot à la volaille. Des pleins chaudrons. Toutes des parouessiennes de la parouesse qu'aviont fait ça. C'est le curé qui monte en chaire le dimanche d'avant et qui doune l'ordre aux volontaires de venir faire bouillir leux poutines dans le soubassement de l'église. C'est qui c'est qu'ara les pus grosses pis les pus blanches ; pis qui c'est qu'ara le plusse de jus dans son fricot. Ah ! des parouessiennes toute ensemble devant leux chaudrons, dans le soubassement de l'église, c'est point aisé. Ça fait que pour biter sa ouasine, chacune ajoute du jus, pis de la râpure. Ça finit qu'ils avont assez de poutines pis de fricot, qu'ils sont obligés d'en jeter. Parce que c'te jour-là, ils pouvont point en bailler aux cochons, par rapport qu'ils sont dans la procession. Apparence que c'est des ben bounes poutines et du ben bon fricot ; ben ils chargeont deux piastres par tête, pis nous autres... Ah! ben j'allons quand même souper, pas loin des autres, derriére l'école, assis sus l'harbe. Par rapport que j'apportons notre manger pour être sûrs de pas manquer de rien c'te jour-là. Je nous achetons même de la biére. Pis y en a qu'allont faire un petit tour dans la grand'roue. Ah! non, c'te jour-là, j'avons manqué de rien. Et tous nos chèques y avont passé. La sarveuse-visiteuse nous a dit que c'était pas une affaire, mais Gapi lui a répondu que c'était pas de la sienne non plus. Ça fait qu'elle est pus revenue. Ça dérange pas parce que je recevons nos chèques pareil. Par rapport aux aléctions.

Ben oui, ils disont qu'en temps d'aléctions, j'avons pas besoin d'aouère peur pour nos chèques pis nos stamps. Ça, parce que le gouvarnement a plusse d'argent que d'accoutume en ce temps-là. Demandez-moi pas où c'est qu'il la prend. Gapi, lui, il dit... mais faut pas écouter Gapi, surtout pas au temps des aléctions. Y en a qui contont que le gouvarnement est ben riche. C'est-i' vrai, à votre dire? Ils contont que si j'allions mettre le nez dans ses coffres... Pensez-vous!... La Sagouine avec le nez dans les coffres du gouvarnement!... Heh!...

Ce qu'y a de pus beau avec les aléctions, c'est que ça vient pas souvent... Rien qu'une fois à tous les quatre ans. Des fois ça vient au boute de deux ans, mais là on peut dire que ça va mal, ça fait qu'ils sont pas généreux. Parce que quand c'est qu'un bôrd est sûr de gâgner et l'autre bôrd sûr de pardre, y avont point besoin de promesses, ni d'un bôrd ni de l'autre. Et nous autres, je sons sûrs de pardre. Mais quand c'est que parsoune est trop sûr, coume c'te fois-cite, ah! là, par exemple, tenez-vous ben... les promesses revoleront. Faut saouère ça, que Gapi conte, faut être au courant de la politique, si je voulons pas être pardants. Ça fait que nous autres, je nous tenons dans le courant. Je nous tenons justement là où c'est que passont les gravaphônes, pis les fers à repasser, pis les bouteilles de biére, pis les autres promesses. Ils vous baillont tout ça pour rien, parce que vous êtes des citoyens à part entchére et que vous avez droit de vote. Ils venont même vous qu'ri' en truck. Ben oui, des pleins trucks... pour ça, ils épargnont rien. Je nous promenons en truck toute la jornée et je boivons de la biére. Ben je finissons tout le temps du bôrd de c'ti-là qui perd, parce que c'est là qu'étiont les pus grousses promesses et les pus grous présents... Ça change pas grand chouse : d'un bôrd ou de l'autre, une fois les aléctions finies, le gouvarnement a pus le temps de se bodrer de nous autres. Des fois, ils revenont même recharcher leux fers à repasser pis leux gravaphônes. Remportez vos promesses, que je leu disons, ben si vous voulez raouère votre biére... heh !... y a jamais eu un coureux d'aléctions qu'a redemandé sa biére encore.

...Ç'a été une boune ânnée. Pas une seule mort subite dans tout le boute. Le défunt Joe Caissie est mort des bronches, mais ça faisait ben des ânnées qu'il était poumonique. Et la Célina était pris du mauvais mal qui se garit pas. Ludger à Nézime, lui, il s'est nayé, c'est pas ce qu'on pourrait appeler une mort subite. Quand c'est qu'il a vu que sa femme reviendrait pus, qu'elle était bel et bien finitivement partie avec son beau-frère, il s'a saoulé autant qu'un houme peut se saouler, pis il s'en a été se jeter en bas du tchai. Il en avait avarti le P'tit Jean, la veille, de son étention, mais l'autre l'avait point cru. L'eau est trop frette, qu'il lui avait dit. Et c'est pour ça qu'il s'a saoulé ben raide pour pas sentir l'eau. Au mois d'avri', pensez donc ! Les glaces sont encore sous le pont au mois d'avri'. Il arait aussi ben pu se fendre la tête sus un glaçon. Mais non, il a été chanceux pour ça, il a coulé entre deux blocs et s'a nayé. Ils l'avont repêché sus la dune, gonflé comme une citrouille. Il avait été trop chagriné, le pauvre Ludger à Nézime, trop déconforté. Ça devait finir de même. Dans un trou à côté du cimetchére... Ben oui. Le prêtre a point voulu l'enterrer en terre sainte, par rapport qu'il s'avait nayé lui-même. Apparence que c'est défendu... Gapi, lui, il dit que défendu ou pas défendu... une fois qu'un houme est mort... Mais faut pas écouter Gapi. Quand c'est qu'un houme est mort, ça lui fait point de tort d'aller se faire bénir en avant de l'église entre les six chandelles, pis d'aouère son trou éternel dans la terre sainte coume tout le monde qui se respecte. C'est ce que j'y dis, à Gapi, et j'arais ben voulu le dire au prêtre si ç'avait pas été que c'est malaisé de parler au prêtre quand c'est qu'on est pas instruit. Parce que Ludger, que le prêtre a dit, il avait point payé sa dîme, non plus, et c'était point sûr qu'il avait fait ses pâques. Et pis d'aller se jeter en bas du tchai en plein dimanche, par-dessus le marché... pauvre Ludger à Nézime ! Fallit qu'une parsoune ayit la phale ben basse et sayit ben déconfortée !... S'il avait su qu'en plusse, ils le laisseriont pas receouère sa part d'eau bénite et de terre sainte pour aller finir son étarnité... peut-être ben qu'il arait essayé d'endurer encore un petit boute et finir par mouri' de sa belle mort, sus son matelas. Peut-être ben qu'alors le Bon Djeu en arait eu pitché... peut-être ben... une parsoune peut pas saouère... Y en a jamais un seul qu'est revenu nous le dire. Et quand c'est qu'il en reviendrait un, c'est pas à la Sagouine qu'il ferait son apparition. Je sons pas des Barnadette Soupirous, nous autres...

...Je sons rien que du pauvre monde... rien que des genses d'en bas. Ben, c'est pas une raison pour nous plaindre. Aussi longtemps que j'avons nos épelans, nos crêpes pis nos fayots ; pis des écopeaux dans l'anse pour nous chauffer sous zéro ; pis pas de poumons-au-vif, pas de morts subites, mais des pique-niques à Sainte-Mârie et des promesses d'aléctions... ça c'est ce que j'appelle une boune ânnée, et je vous en souhaite autant, sacordjé oui !

La loterie

Jos à Polyte vient de gâgner la loterie! Ouais!... sûr coume je suis icitte, c'est Jos qu'a rapporté le gros lot. C'est pas souvent que j'avons c'te chance-là, dans le boute. Pornons la chance quand c'est que ça passe. Le premier gros lot d'un houme de notre boute depuis la loterie à Frank à Thiophie.

...Ça fait queques ânnées, de ça, mais parsoune de nos counaissances l'a oubliée, la loterie à Frank à Thiophie. Tout un chacun a gardé la souvenance de cet avènement-là coume de sa propre naissance, ça c'est sûr. Cent mille piasses, pensez ouère! J'avons pas coume qui dirait l'accoutumance de receouère des patchets de piasses par la tête, nous autres. Et quand c'est que ça nous arrive coume ça, cent mille d'un coup, il a passé proche de se chavirer, le pauvre Frank à Thiophie. Ils avont été obligés de lui enfoncer la tête dans un siau de vinaigre. Je me souviens, c'est moi qu'a hérité du vinaigre après pour consarver mes cocombres.

...Pauvre Frank! C'est ce que je pourrions appeler l'houme le plus chanceux qu'a venu au monde dans une cabane à épelans. Il pouvait pas se douter que la chance le guettait. À part de ça qu'il avait point acheté son billet lui-même. C'était la femme à Dominique qui y avait baillé parce qu'il avait été ésharber ses cosses toute une après-midi. Si elle avait pu saouère, la femme à Dominique, que c'était le billet chanceux, elle arait louté ses gants pis elle arait ésharbé tout seul tout son jardinage. Ben a' pouvait pas saouère. Ça fait qu'elle a dit que c'était pas juste, cent mille piasses pour trois seillons de cosses. La loi a été obligée de s'en mêler. Ben pour une fois, c'est les pauvres qu'avont gâgné.

...Les pauvres ...c'est une maniére de dire, parce que Frank à Thiophie, c'était pus ce qu'on pouvait appeler un pauvre homme. C'est peut-être ben pour ça que la loi l'a respecté. Si vous aviez vu ça: c'était Mossieux Colette par icitte, pis Mossieux Colette par là... y avait pus un sapré brin de Frank à Thiophie de reste, mais pus rien que du Mossieux François à Thé-o-phile Colette. C'est même lui qu'a tout payé le juge pis les avocats, Mossieux Colette, pis il a payé itou ses taxes au gouvarnement, tout de suite, droite là, devant tout le monde. Avec cent mille piasses, il pouvait en payer, pas de soin, et ça paraissait quasiment pas sus le mâgot.

Il pouvait se payer ben des affaires avant que ça paraissit, Frank à Thiophie, ouais, ben des affaires... Au coumencement, il était si ébaroui, qu'il savait point par quel boute se lancer. Ben ç'a pas tarzé qu'il a appris. Y a bentôt venu du monde le ouère pour y vendre toute sorte de chouses. La premiére affaire qu'il a achetée, je me souviens, j'étais là, c'est un tracteux. Par rapport qu'il avait gâgné sa loterie en ésharbant des cosses, le vendeux lui a expliqué qu'un farmier coume lui, ça devait appartchendre son propre tracteux. Pis il lui a vendu itou une combine, vous savez c'te grousse machine qui fait toute: ça laboure, ça plante, ça ésharbe, ça coupe, ça ramasse... Ah! pour un houme qu'avait point un champ à lui, il faut dire qu'il était attelé, le Frank à Thiophie.

Ça fait là, il fallit qu'il s'achetit de la terre, pis des bâtiments pour abriter sa machinerie. Ça prenait de l'argent, ben Frank, c'est pas ce qui y manquait, de l'argent. Il s'a acheté une machine à laver, un frigidaire, une gravaphône, tout ça aléctrique. J'y avons été dès le premier souère pour ouère brasser les machines et pour écouter la gravaphône. Mais ça marchait pas, rien de ça, par rapport que Frank à Thiophie, il avait point l'aléctricité chus eux.

Pas longtemps après, il a venu un agent d'assurance. Vous compornez, nous autres j'avions entendu parler de ça, mais j'en avions jamais vu. Des agents d'assurance, ça venait jamais par chus nous. Ben là, ils s'avont mis à venir pour tout le temps qu'ils étiont pas venus. À chaque souère, il s'amenait un nouvel agent d'assurance qu'aouindait de sa valise des plantées de papiers tout écrits d'avance où c'est que t'avais rien qu'à signer ton nom ou faire ta croix et tu te trouvais assuré pour la vie. Pis à chaque souère, il en venait un meilleur; ça fait qu'au boute de dix jours, le Frank à Thiophie, il était assuré par-dessus la tête. Ils y aviont assuré les dents, les doigts, la vie, les maladies, le vol, le feu, et jusqu'à ses enfants, lui qu'était vieux garçon. C'était garanti que pus parsoune pouvait y toucher sans qu'une compagnie d'assurance venit y rembourser de l'argent. Ben ils avont pas eu besoin de rien rembourser parce qu'un houme riche, on touche point à ça.

Y a rien que le dentiste qui y a touché. Il lui a placé trois rangées de dents en or dans la goule, que le pauvre Frank pouvait quasiment pus se grouiller les mâchouères. Ça fait qu'une bonne jornée, il a garroché tous ses râteliers dans le puits et il est resté avec un trou dans la face qu'il en était tout défiguré, le pauvre Frank. Il a été ouère un frotteux, itou, et pis un ramancheux. Apparence qu'ils lui avont frotté pis ramanché plusse d'ous qu'il en avait dans le corps, et s'en a revenu bossu pis clopeux.

Mais il a vite fait de prendre le tour, le Frank. Avant le printemps, il était déjà rendu qu'il faisait le gros. Ouais ! Il a arrêté de chiquer et s'a mis à fumer des cigares et même y a des grands langues qu'avont rapporté... ben faut pas croire les rapports des placoteux... ils contiont que le Frank à Thiophie, il se roulait des cigarettes avec des piasses. Si ç'a du bon sens asteur de partir des histouères de même ! Coume dit Gapi, y a parsoune icitte, chanceux ou pas chanceux, qui fera de la boucane avec la reine d'Angleterre. D'abord depuis sa loterie, il se roulait pus de cigarettes, le Frank, il les achetait toutes faites au magasin.

Pis il s'a greyé. Ah ! pas sus les Arvune, ben non ; i' s'en a été se greyer à la ville, le Frank. Par rapport qu'i' fallit pus qu'i' se greyit coume le coumun du monde, asteur. Parce qu'i' y avont dit : c'est par ses hardes qu'un houme se fait recounaître et respecter. Ça fait que le Frank, il a regardé autour de lui, pis là i' s'a dégreyé. Il a aouindu son mackinaw, ses overhalls, pis ses claques amarrées avec un câble ; pis il a parti pour la ville. Le souère, quand c'est qu'il a débarqué de la bus et pis qu'il a travorsé le village, même la Sainte l'a point recounu. Une chemise jaune, un necktie, un chapeau dur, des souliers qui craquent pis des culottes barrées sus le travers... il ressemblait pareil un gars des États. Ah ! pour ça, mettez des belles hardes sur le dos d'un crasseux, et vous pouvez quasiment pus dire la differance, ben non, la differance entre lui pis un sénateur. Ben oui. Ils y avaient même placé des lunettes à double vision... il ouayait pus rien entoute, mais il regardait ben. Un vrai maître d'école. Même qu'y en a qui s'avont mis à l'inviter pour parler au monde. Ah ! c'était rendu que Frank à Thiophie, c'était pus de la paille. Coume disait Gapi, ça t'instruit vite, cent mille piasses. C'est les Richelieu, apparence, qui l'avont invité à leu banquet et qui y avont demandé de prendre la parole. Par rapport que les Richelieu, c'est une assemblée de riches qui s'occupont des pauvres. Ça fait qu'asteur que Frank était devenu un houme riche, ils avont pensé qu'il arait de quoi à dire sur les pauvres, lui itou. Ah ! pour ça, Frank, il arait eu de quoi à dire, pas de soin, mais c'était le temps s'il avait encore ses dents en or dans la goule et il a pas été capable de dire un mot. Ils l'avont claqué pareil parce que c'était lui l'invité d'houneur, même s'il avait jamais eu d'houneur de sa vie.

Il avait jamais rien eu de sa vie, Frank. Il était point accoutumé à rien. Ben, il pouvait apprendre. Une parsoune peut tout apprendre, par les petits. Ça fait que le Frank s'a dit qu'i' pourrait ben apprendre à chauffer. Ben oui, parce que là, voyez-vous, y a le garage à Jos itou qu'arait ben voulu y vendre de quoi, au Frank à Thiophie. Ils ariont ben voulu y vendre de la gas pis de l'huile. Ben le Frank, il était à pied. Ça fait qu'ils avont coumencé par y vendre un car. Apparence que c'était la Buick à Dominique qu'était coume neuve. Ils y avaient rien que changé les roues, pis le top, pis la peinture, pis l'engin, à la Buick à Dominique ; ça fait qu'elle était coume neuve. Ben elle a point resté neuve ben long-temps ; par rapport qu'ils avaient oublié d'y dire, à Frank, où c'est qu'était le borgo. Ça fait que dès le premier souère, quand c'est qu'il a accroché sa tcheue de renard pis ses trois catins dans sa vitre d'en avant, et pis qu'il a fait embarquer toute la jeunesse du boute sus le siége d'en airiére, ben apparence qu'il a mal enligné ses roues, le Frank, ou ben que ses vitres étiont sales... Dans tous les cas, il a fait sarment, pauvre Frank à Thiophie, qu'il avait point vu la vache des sœurs. Ben y en a qui y avont demandé quoi c'est qu'i' faisait dans le champ de blé d'Inde du couvent avec sa Buick neuve. Ben Frank, il était pas encore assez accoutumé, voyez-vous. Pis quand c'est qu'il a vu la bouchure à dards se redresser devant lui, il a pas eu l'idée d'arrêter ou de reculer. Il avait trop d'accoutumance dans les jambes à sauter les bouchures, Frank, ça fait qu'il a pesé sus la pédale, qu'ils avont dit. Ben apparence que les sœurs y ariont rien que chargé la vache, la bouchure, pis cinquante boisseaux de blé d'Inde. Pis le garage a repris la Buick pour quasiment rien. Parce qu'i' y avont dit, coume ça, que si ils l'arrangiont, ça y coûterait cinq cents piastres, pis qu'a valait pus ça. Ça fait qu'ils étiont mieux de la reprendre. Gapi a tout le temps eu à dire, lui, que ça... ben Gapi, faut qu'i' badgeule.

C'est coume l'histouère des petits nègres pis des petits Chinois. Quand c'est que les sœurs missionnaires avont passé pour la Sainte-Enfance, i' s'avont émoyées où c'est que restait Mossieux François Colette et s'avont rendues droite sus Frank à Thiophie. Pis i' y avont fait comprendre à Frank coument c'est qu'i' pouvait sauver des âmes. Il avait rien qu'à payer vingt-cinq cennes. Pis i' y avont fait comprendre qu'il arait point besoin de se bodrer de rien, même pas de faire venir le nègre ou ben le Chinois par icitte. Ils alliont ouère à tout ça, les sœurs missionnaires : acheter, baptiser, élever, pis sauver un païen avec vingt-cinq cennes, t'as qu'à ouère ! Pis i' y avont dit, à Frank, que plusse qu'il arait payé de saluts, coume ça, ben plusse qu'i' serait assuré du sien. Ça fait que Frank à Thiophie, qu'avait coume les autres queques petits remords qui y bloquiont l'estoumac la nuit, s'a mis à acheter des Chinois pis des nègres. Chaque fois qu'i' y rappeliont l'un des péchés de sa vie passée, il ajoutait une âme à sa liste. Ç'a venu qu'à lui tout seul, il appartenait plusieurs tribus, le Frank, et ils ariont pu en faire le premier ministre de la Chine ou de l'Afrique, coume Gapi contait. Ben ça l'a point débarrassé de ses remords, le pauvre pécheur. Par rapport qu'une parsoune, pas de diffarence coument boune qu'elle est, peut tout le temps aller se déniger au fond de l'âme un péché de plusse. Et moi, j'ai pour mon dire que je serions mieux de point trop aller forter là-dedans. Et là-dessus, Gapi était de mon dire. Par rapport que ses nègres pis ses Chinois l'aviont quasiment chaviré, le pauvre Frank à Thiophie.

Pis là, Frank, il s'a mis à receouère des comptes. Par rapport qu'une jornée, il avait dit à la Sainte, coume ça : « Va te faire friser les cheveux, pis je payerai. » Ben elle a point pardu de temps, la Sainte, elle s'a fait friser tout le tour de la tête. A' regrettait même de pas aouère sa tignasse plus longue pour en friser plusse. Quand c'est que Laurette à Johnny a vu ça, elle était point pour garder son chignon. J'y avons toute passé. Et ceuses-là qui alliont ouère le docteur, et le dentiste, et le frotteux, et le ramancheux, et qui pouviont pas payer, les docteurs envoyont le compte à Frank à Thiophie. Ç'a venu qu'il fornissait pus de cacheter des enveloppes, le Frank. Y avait itou les boy-scouts qui vendiont des pommes, et le prêtre qui passait pour la dîme. Même que le prêtre, il a noumé

Frank à Thiophie du haut de la chaire, t'as qu'à ouère !
Il l'a remarcié en public pour les cloches d'église que
Frank avait payées de sa poche. Ouais ! Vingt-deux
belles cloches qui se branlont tout ensemble et qui
jouont des airs de Nouël à l'ânnée. Ils appelont ça un
carillon, et c'est Frank à Thiophie qui leur a payé.

Pis rendu au mois d'août, Frank s'a attoqué sus
sa pontchine pis il s'a mis à jongler. Il était grand
temps qu'il s'achetit la chouse qui lui plaisait le plusse,
avant qu'il y en reste pus. Parce que jusqu'asteur, il
avait pas encore eu le temps de penser à lui beaucoup.
Ben ce qu'il avait tout le temps voulu, lui, Frank à
Thiophie, c'était une maison, une grousse maison en
papier de brique, avec un haut pis un bas, une cave pis
un gornier. Il voulait itou sa bécosse en dedans, pis de
l'eau chaude pis de l'eau frette, une pantrie, un grand
bôrd, pis une cuisine d'été à part d'une cuisine d'hiver.
C'était ça qu'il voulait le plusse, le Frank, une grande
maison avec une galerie à faire le tour d'où c'est qu'il
pourrait se borcer à l'ânnée en regardant passer le
monde.

Ça fait qu'il se l'a bâtie, sa maison. Il a venu ben
des contracteux avec des plans pis des charpentchers,
et ils lui avont tout bâti ça dans deux mois ; le gornier,
la bécosse, la pantrie, le grand bôrd, les armouères,
trois cheminées, la cave, la cuisine d'été pis la cuisine
d'hiver, pis la galerie à faire le tour. C'était la plus
belle et la plus grousse maison que parsoune avait
encore vue. Il venait du monde de Saint-Norbert pis de
la Pirogue, pour la ouère. Ah ! parsoune avait pus envie
de cracher sus lui, Frank à Thiophie. C'était devenu un
grand houme qui se faisait respecter.

Ben un jour, une couple de mois pus tard, il a
reçu du gouvarnement une maniére de grousse lettre

épaisse pleine de papiers roses et verts. C'était ben écrit, en anglais d'un bôrd pis en anglais de l'autre, qu'une parsoune avait point besoin de lunettes pour lire ça. Ben ben écrit... mais dans le boute parsoune pouvait défricheter ce qu'ils vouliont dire. Ça fait que Frank à Thiophie s'en a été ouère le prêtre avec sa lettre épaisse, et le prêtre l'a amené dans son office et s'a assis. Frank, lui, il était deboute de ce côté-citte du pupitre et il guettait. À la fin, le prêtre a tout expliqué à Frank : et quand c'est que Frank a compris coument c'est qu'il devait payer, il a compris qu'il allait pardre sa maison. C'était doumage, il avait pas resté dedans trois mois.

...C'est qu'il y restait pus rien, au Frank à Thiophie. Pus une seule piasse. Et pis coume il continuait à receouère des comptes de partout, il fallit qu'il lâchît ses assurances, et pis qu'il vendit les machines, et le tracteux, et la gravaphône. En darnier, ils sont venus lui arracher son taléphône et lui couper son aléctricité. Il lui restait pus rien, et il s'en est retorné dans sa cabane à épelans. C'est là qu'il est mort, le printemps passé. Quand je l'avons su, j'avons tout été dehors pour entendre souner le glas sus des airs de Nouël avec le carillon. Ben ils l'avont pas souné, parce que Frank à Thiophie, apparence qu'il avait point payé sa dîme, ces darniers temps...

...Ben asteur, espèrez-moi pas : je m'en vas faire un petit tour sus Jos à Polyte qui vient de gâgner la loterie.

Les prêtres

Je m'en vas vous dire une sorte de chouse... Ouais...
Sagouine ou pas Sagouine, je m'en vas vous dire une
sorte de chouse... Oh ! j'ai point voyagé beaucoup dans
ma courte vie, non, et c'est pas que j'ai vu grand
chouse, non plus. C'est pas que je suis ben counais-
seuse, non... Je peux signer mon nom et pis défricheter
la gazette quand c'est des nouvelles françaises... Ben je
m'en vas quand même vous dire une sorte de chouse :
faut point parler contre les prêtres ! Ah ! pour ça, je le
dis à Gapi : ils me pogneront point à parler contre les
prêtres : c'est des arprésentants du Bon Djeu, ça. Et pis
ça porte malheur. Vous avez vu ce qu'est advenu à mon
cousin Caï et au vieux Yophie ? Vous aviez jamais
connu pus mangeux de prêtres que c'tes chenapans-là.
Je vous le dis que le diable en parsoune s'en est point
tiré sans y laisser des plumes. Si y en a un qui mange
les prêtres tout rond, c'est ben lui. Ben regardez ce
qu'il a l'air itou. Non, ça porte malheur que je vous dis.

Pornez mon défunt pére, ça fait pas loin de
quarante ans qu'il est mort et il a quasiment vu ses
quatre-vingts. Eh ben mon pére en parsoune nous
contait tant jeune que fallit point se mêler des affaires
des prêtres... C'est parce qu'y avait eu des histouères

qu'avaient couru la parouesse sus le dos du prêtre qu'avait deux sarvantes. Et pis après ? que mon pére nous avait dit. C'est-i' parce qu'un houme a des créatures dans sa maison qu'on va aouère de quoi à redire, nous autres ? Et son probytère est-i' point grand assez pour loger toutes les femmes de la parouesse sans compter les houmes pis les enfants ?... Ah ! pour ça, y avait de quoi loger même les veaux pis les cochons dans ce probytère-là. Et toute en brique, sans mentir, de la vraie brique en brique, pas en papier de limitation. Ah ! pour un probytère, c'était un probytère, j'avions rien à redire.

Ils contiont que ça se remplissait de monde, ça, à chaque premier vendordi du mois. Les prêtres veniont de partout pour confesser le monde. Il venait c'ti-là de Chocpiche, et c'ti-là de la Prairie, et du Cap, et de la Pirogue, et de Saint-Hilaire... Ah ! je vous dis qu'à la bande qu'ils étiont, ils vous aviont tôt fait de passer la parouesse au peigne fin. Je sortions de là blancs coume des draps. C'était point gros, un confessionnal. Une boîte grousse coume trois cages à houmards. Va-t'en, toi, dans une cage à houmard asseyer de t'aouindre les péchés de l'âme... Heh !... J'avions beau nous tordre là-dedans, pis asseyer de ouère queque chouse à travers la grille... une affaire de grousse grille en bois franc avec de la célophane en airiére des barreaux pour point empester le prêtre. Parce qu'ils contiont que certains jeunes prêtres pouviont point endurer la senteur de pieds et pogniont des faiblesses. Ils étiont point accoutumés à nos senteurs, les pauvres prêtres, i' viviont dans des beaux probytères forbis à l'ânnée où c'est que ça sentait rien que le Bon Ami pis la Lemon Oil. Un prêtre, c'était point accoutumé à notre crasse.

Ah ! tant qu'à ça, j'allions pas l'y mettre sous le nez, non plus. Quand c'est qu'y avait trop de monde, j'allions point à l'église. J'asseyions de faire nos pâques pour nous faire enterrer dans la terre sainte. Je dounions queque chouse itou pour la dîme. Tes pâques pis ta dîme, avec ça t'étais assuré de ton trou au cimétchére. Le restant, ça pouvait s'arranger... ou presquement. Des fois, c'était point aisé, faut dire. La confesse, surtout, par rapport au farme propos. Hé oui ! Quand c'est que le prêtre s'émoye pour saouère si t'as le farme propos de ne plus vous offenser... c'est tout coume si i' te disait de changer de vie. Ben coument c'est qu'il veut que je changions de vie, nous autres ? Je sons point du monde à l'aise et j'avons point de vie de rechange.

...Ah ! je vous dis que c'est point aisé, point aisé pantoute. Quand ils nous disont : « Arrêtez de faire de la biére aux méres dans vos caves », ben où c'est qu'ils vouliont que je la faisions ? Et pis, j'avions point les moyens de boire autre chose. J'avions point les moyens de nous payer du vin, pis du rhum, pis une petite affaire dans un verre à tcheue avec une cerise qui flotte dessus. C'est de la biére aux méres de nos propres caves ou rien entoute. Ils voulont itou que j'arrêtions de jurer pis de faire le mal devant nos enfants. Ah ! tant qu'aux jurements, je l'ai dit au prêtre en plein confessionnal : Là, vous avez raison. Si ç'a du bon sens asteur de jurer, Jésus-Christ du Bon Dieu, je savons même pas parler anglais. Ben tant qu'au reste... c'est ben malaisé... C'est ben malaisé de point faire le mal devant nos enfants quand c'est que j'avons rien que deux lits dans la maison et qu'ils sont quasiment collés l'un sus l'autre. Je tuons toutes les lampes et pis... ah ! c'est ben malaisé.

C'est malaisé d'expliquer ça au prêtre. Je sons pas instruits, nous autres, et je parlons pas en grandeur : ça fait que je savons point coument dire ça. Le prêtre, lui, dans son prône, il parle coume la femme du docteur, il sort des grands mots pis il vire ben ses phrases. Ils appelont ça de l'allitérature. Nous autres, j'avons jamais vu une graine d'allitérature de notre vie. Je parlons avec les mots que j'avons dans la bouche et j'allons pas les charcher ben loin. Je les tenons de nos péres qui les aviont reçus de leux aïeux. De goule en oreille, coume qui dirait. Ça fait que c'est malaisé de parler au prêtre.

J'arais ben voulu y expliquer pourquoi c'est que ma fille s'était point mariée tout de suite. Coument c'est que vous vouliez qu'elle se marie, elle avait point une paire de chaussures à se mettre dans les pieds. Et pis, il fallait espèrer son tour pour la robe blanche. Y a rien qu'une robe de mariée dans toute notre boute, et la fille de la Sainte avait déjà fait annoncer ses bans. Fallit que ma fille espèrit son tour. Ben par le temps que la robe était libre, son ventre l'était pus et pouvait pus rentrer dans la robe. Ça fait que fallit espèrer après que le petit seyit au monde. Heh !... le petit, c'était des bessons. Ça fait quand c'est que son promis a vu ça, il s'a sauvé. La pauvre Angélique a été obligée de s'en trouver un autre. Ben allez déniger une jeunesse aujord'hui qu'est parée à s'atteler sus le sacrifice avec une paire de bessons sus les bras ! Et des bessons qui sont pas à lui... Ah ! c'est malaisé. Et quand c'est que tu sors du confessionnal et que t'as confessé tous tes péchés et tous ceux de ton houme et tous ceux de tes enfants, tu peux pas dire que le temps te dure au prochain premier vendordi du mois.

Et pis le pauvre prêtre, i' faut le comprendre, itou. C'est malaisé pour lui de saouère quoi c'est que t'es en train d'y dire. Il a point été élevé coume toi, lui. Ah ! c'est pas que c'était tout le temps du monde riche chus eux ; ben i' mangiont leux trois repas par jour, toujou' ben. Pis i' dormiont dans des lits. Pis i' s'avont fait instruire. Ça fait que le prêtre, ben il a dans son idée que je devons coumencer par nous comporter coume du monde. Il a même dit en chaire, un dimanche, que pour aouère son âme blanche, i' fallit aouère son corps propre. Ah ! c'est sartain... i' faudrait. Ben asseyez de garder propre durant douze mois une famille qui s'enterre dans une cabane l'hiver ; et pis qui ragorne ses coques et ses huîtres dans la vase l'été. Allez apprendre à vivre là-dedans ! Ça fait que ton âme... c'est coume le reste, tu comptes pas dessus. Faut pas compter sus rien.

Faut que tu comptes sus toi tout seul, pour faire ton salut, coume pour faire ta vie. Pis c'est malaisé. Par rapport que t'es pas tout le temps sûr qu'une chouse est boune ou pas. Et il y a parsoune pour te le dire. Faudrait que tu te fies aux règlements pis aux défenses. Ben des fois...

...Vous avez point counu le vieux Desroches, vous autres. I' restait au Chemin des Amoureux, ben y a une boune escousse qu'il est mort. Ben le vieux Desroches, il a passé une partie de sa vie en dehors de l'Église, par rapport qu'i' l'aviont escommunié. Oui. Ah ! ç'avait été une moyenne affaire. Je me souviens de ça, moi. Pis mon pére itou m'en a ben parlé.

C'était la faute au tounerre, qu'i' disait, mon pére, le tounerre qu'avait brûlé l'église. D'autres contiont que c'était l'âme du défunt Dollar sortie de sa tombe pour venir mettre le feu. Y en a même qu'avont prétendu que c'est le prêtre lui-même... ben faut pas crouère les discours des projeteux pis des radoteux. Non, mon pére a tout le temps dit qu'i' fallit blâmer le tounerre timbé en feu.

Anyway, l'église a brûlé et i' fallit tout de suite songer à la rebâti'. Ben c'te fois-citte, ceuses-là du village avont dit qu'i' fallit la mouver au pont par rapport que c'était là qu'étiont les magasins pis la poste-office. Ben ceuses-là du Fond de la Baie vouliont la garder à la Pointe, c'était pus proche de chus eux. Asteur, c'était-i' mieux à votre dire de rebâtir l'église où c'est qu'y a le plusse de monde, ou ben où c'est qu'y arait plusse de monde de plusse proche ? C'est malaisé à dire. Et les houmes s'avont battus.

Ah ! tant qu'à ça, les houmes se battiont souvent dans ce temps-là, et si ç'avait arrêté là, parsoune arait eu rien à regretter. Ben ç'a point arrêté là. Par rapport que le Desroches, ben c'est lui qui l'avait bâtie, l'église, c'telle-là qu'avait brûlé, bâtie pis décorée avec son couteau de poche. Ça fait qu'i' sentait qu'elle était quasiment à lui. Asteur allez louter à un houme son église qu'il a bâtie au couteau de poche, pis brûlez-la, pis mouvez-la au pont, sans qu'i' pouvit rien dire... Il a levé le poing à la face du prêtre, Desroches, et s'a fait escommunier. Et toute sa vie il a été en dehors de l'Église.

...C'est sûr qu'une parsoune a point le droit de lever le poing devant le prêtre. Et c'est sûr que l'évêque a le droit d'escommunier un chrétien et de le priver de son salut. Mais Desroches, mon pére contait que c'était point un méchant houme, et que c'était coume doumage qu'i' devit brûler étarnellement pour s'aouère enragé un souère sus la Pointe de l'église. Ça fait que c'est malaisé à saouère des fois qui c'est qu'a

68

raison. Et une parsoune arait envie de se demander par boute si le Bon Djeu est ben tout le temps du dire des prêtres.

Une boune fois, il était venu un prêtre des vieux pays. Ils appeliont ça une mission. Apparence qu'il en venait tous les ans, mais nous autres, j'y allions jamais, parce que si j'étions pas assez ben greyés pour nous montrer parmi notre monde, je l'étions encore ben moins pour nous montrer aux étrangers. Ben c't' ânnée icitte, ils contiont que c'était point un prêtre coume les autres ; c'était un saint, c'ti-là, un vrai saint à jouquer sus l'autel. Apparence qu'il faisait des miracles, ça fait que j'avons décidé d'aller ouère. Eh ben en rentrant, j'avons compris tout de suite qu'il nous avait reconnus, parce qu'il a dit du haut de la chaire : « Bienheureux les pauvres, et les affamés, et les guénilloux, et ceuses-là qu'avont fait de la prison ». Je savions pas que j'étions si heureux que ça... ben j'étions venus ouère, toujou' ben.

Ah ! pour un saint houme, c'en était un vrai, y avait point à se tromper. Quand c'est qu'un houme marche nu-pieds dans la neige et mange jamais de viande sans qu'il seye obligé mais seurement parce qu'il a fait une promesse, c'est à le grimper sus le fait de l'autel de son vivant, sacordjé oui ! Et pis lui, il savait parler. Il pouvait vous prêcher son prêche trois heures de temps sans qu'i' volit une mouche dans la grande allée. Il savait assez ben vous conter les histoires de Noé pis de Jonas que vous vous seriez cru dans le ventre de la baleine en plein déluge, ma grand foi ! Et pis il pouvait vous dire des grands boutes tout en latin coume un houme qui serait venu au monde en Nova Scoché. Un vrai saint. Et les femmes d'en haut se battiont qui c'est qui l'inviterait à souper. Chacun voulait se faire garir queque chouse, chacun voulait son miracle à lui. Nous autres j'avions pas de chance parce que je pouvions pas le receouère à souper. Ça fait que j'avons pris une chance de le ouère à travers la grille du confessionnal. Là je m'ai aparçue que c'était encore plusse malaisé que de comprendre les prêtres de par icitte; par rapport que le prêtre de la mission, il counaissait rien que les péchés de Québec, lui.

Pourtant, un jour, il en a venu un. C'ti-là, c'était pas tout à fait un prêtre, c'était ce qu'ils appelont un Pére Blanc. Par rapport qu'il avait une soutane blanche, et je savons pas si ça comptait pour une soutane. Pis je l'avons jamais vu confesser le monde, ni faire des prônes, ni passer pour la dîme. C'était point ce qu'on pourrait dire un saint, non plus : il marchait pas nu-pieds, pis il mangeait aussi ben du baloné que de la saucisse si j'y en offrions. Ben oui, parce que lui, il venait manger chus nous. Ah ! c'était sans sarémonie, c'était point un houme à faire le bec fin, ni à se lever le petit doigt pour boire sa tasse de thé. Il mangeait avec nous autres, il parlait avec nous autres, il jouait aux cartes avec nous autres. Si je recevions une lettre du gouvarnement ou un avartissement du police, c'est lui qui venait arranger ça. Il nous dounait jamais les vieilles hardes de sa mére, ni les chaises cassées qu'ils aviont dans le gornier chus eux : non, ben il aïdait à Gapi à bardotter, pis à terrasser la cabane, pis à scier le bois pour l'hiver. C'était point un saint : il faisait point de miracles, du moins je l'avons jamais vu faire, pis il nous racontait pas d'histoires saintes ; ben il nous en racontait des drôles, par exemple. Ah ! quand c'est qu'il s'en venait faire son petit tour par chus nous, c'était coume si je recevions mon propre pére, ou ben l'Orignal, ou Pierre à Calixte. J'avions point honte devant lui, parce que lui, il s'apercevait même pas que les fayots avaient été réchauffés deux fois, et pis que j'avions point de châssis-doubles, ni de prélat, ni de cheminée en brique. C'était ce qui pouvait s'appeler un houme coume nous autres, le Pére Léopôld, et j'avions pas besoin de cacher nos poux pis nos punaises quand c'est que je le voyons lever sa soutane pour sauter par-dessus notre bouchure.

...Ben il est parti, un beau matin, il a quitté pour les pays chauds... convartir les païens. Hé oui !... C'est coume Gapi disait : Si i' pouviont nous prendre pour des païens, une boune fois, ils nous enverriont peut-être ben un Pére Léopôld, nous autres itou, pour nous parler et nous dire de pas nous intcheter des darniers sacrements, et nous envoyer droite en paradis à notre défunte mort. Ben voyez-vous, je pouvons pas tout être des païens, ça fait que nous autres, je guettons encore pour ouère si y arait pas parsoune pour nous ouvrir les portes de l'étarnité quand j'y serons rendus.

La lune

Non ils feront point accrouère à Gapi qu'ils avont envoyé un houme dans la lune, un houme avec deux jambes, deux yeux, dix doigts pis un nez, se promener dans la lune, à l'heure qu'il est. Non, ça, ils le feront pas envaler à Gapi. Ah! des houmes-gornouilles, oui, pis des houmes-babounes, ça, tant que vous en voulez, qu'i' dit. Ben un houme dans la lune, point d'histouères de même. Il démordra pas sus ça, Gapi. J'ai beau y dire que les gâzettes aviont son portrait sus la premiére page, avec sa lune sous les pieds, tout en couleur, non, ils feront point envaler ça à Gapi. C'est de la propagation, tout ça, qu'il a dit: ils faisont tout ça pour la propagation. Un houme dans la lune! qu'il a dit, peuh! C'est ben, c'est ben, enrage-toi pas, que j'y ai dit. Si tu veux pas qu'ils alliont dans la lune, ils iront pas, c'est toute... Ah! Gapi, il est pas aisé.

Il dit qu'un houme est fait pour marcher sus la terre, et que c'est déjà malaisé assez de marcher droite icitte sans aller entreprendre de marcher dans les étouèles. Et pourquoi c'est faire qu'ils iriont dans la lune? Hein? pourquoi c'est faire? Y a rien à manger là. Ils l'avont dit. Y a pas un chou pis un navot qui peut pousser sus c'te terre-là. C'est rien que du sable pis de la roche, sus la lune, y a pas un arpent de boune terre, asseurement. Ça fait que pourquoi c'est faire qu'ils se douneriont tant de trouble pour atterrir sus de la terre qu'en est pas, et qui peut même pas te nourrir une jornée ? S'ils avont pas entrepris de labourer la dune parce que c'était rien que du sable, et qu'ils l'avont larguée aux Arvune pour queques piasses, vous croyez qu'i' se douneriont tout ce trouble-là pour la lune ?...

J'ai eu beau asseyer d'y dire, à Gapi, que parsoune l'ostinait et qu'il avait pas besoin de parler si fort. Il était déchaîné. Et il allait point laisser parsoune y dire qu'ils avont envoyé un houme dans la lune.

Il a pas envalé ça, non plus, Gapi, que les pêcheux de la baie avont vendu tout chacun leu part de la dune. C'est ben, qu'il a dit. A' se labourait pas, la dune, c'était bon à rien pour un champ de patates ou pour une terre à bois. Ben ça appartchenait aux pêcheux de par icitte et ils avont pas d'affaire à la vendre. Parce que si ils l'avont vendue, qu'il a dit, Gapi, c'est parce qu'y a eu un houme pour l'acheter. Et pourquoi c'est faire qu'il l'a achetée ? Gapi, lui, il a pour son dire que si un houme veut t'acheter ta chemise, c'est qu'y a de quoi de caché sous c'te chemise-là qui vaut de quoi, et que t'es mieux de pas vendre. Si c'est bon pour les Arvune, c'était bon pour nous autres, le sable de la dune, qu'il a dit. Ben, Gapi, i' parle de même parce qu'il avait point de part sus la dune, lui. Parce qu'il a pas craint de vendre la charrue que son défunt pére y avait laissée, ah ! non.

C'est toute de la propagation, qu'il a dit, Gapi. Les gouvarnements pensont rien qu'à ça, leu propagation. Et pis ils asseyont de nous faire des accrouères. Ben ils pogneront point Gapi à crouère à leux histouères.

D'abord la lune, qu'il a dit, appartchent à tout le monde. Que tout un chacun se mettit ouère dans la tête, asteur, de se couper son petit morceau de lune. S'ils avont été capables de tout déboiser le haut du comté pour se faire des parcs et se bâtir des moulins à scie, ils pouvont aussi ben vous écorcher la lune qu'i' vous en resterait pas assez la nuit pour attirer les épelans. Et pourquoi c'est que la lune appartchendrait à un houme putôt qu'à un autre? Ça c'est coume l'air que je respirons, ils avont pas le droit de nous prendre ça. Ben quoi c'est que je savons asteur s'ils allont pas se mettre à nous vendre nos clairs de lune? Ils nous vendont ben l'eau de mer pour pêcher.

...Ah! pour ça, Gapi a raison. Ils nous vendont nos parmis de pêche, pis ils nous laissont pas pêcher à l'ânnée. La mer leur appartchent, coume la terre, pis coume les bois. J'avons rien à nous autres. Rien que le vent pis la neige: ça, c'est à nous autres, gratis. Le vent, la neige, les frettes, pis l'eau dans la cave. La mer t'appartchent pas, à part de c't'elle-là qui vient te qu'ri' chus vous aux marées hautes. C't'elle-là t'appartchent, et i' te faudra t'en débarrasser tout seul, coume tu pourras. Seurement la mer qui rentre dans ta cave charrie jamais le houmard pis le soumon; rien que de l'étchume pis de la vase. Ce qu'est point payant, ça t'appartchent.

Gapi, lui, il a pour son dire que si des houmes aviont été dans la lune, qu'asteur la lune leur appartchendrait coume un pays dans l'ancien temps était à c'ti-là qui le trouvait le premier. J'y ai dit que ça marchait pas de même pantoute. D'accoutume une terre appartchent pas à c'ti-là qui la trouve ou ben la défriche le premier. Elle appartchent à c'ti-là qu'est assez fort pour bosculer l'autre ou assez riche pour l'acheter. Parce que si les terres restiont à c'ti-là qui la défriche, j'arions-t'i pas encore nos cinquante arpents, nous autres, que j'y ai dit, à Gapi? Ou ben j'arions-t-i point droit de pêcher à l'ânnée dans la baie? pis de chasser la pardrix et le machequouèche dans les bois? Non, ça marche pas de même, asteur. La terre appart-chent à c'ti-là qui peut la garder.

Ou ben à c'ti-là qui peut la garder longtemps assez. Parce qu'i' vient un temps où c'est qu'i faudrait que t'espèris. Si le garçon à Jude avait pu espèrer une petite affaire, si il avait pu endurer une petite escousse encore, il l'arait gardée, sa bus. Et aujourd'hui i' mènerait une boune vie; ou ben i' ferait vivre sa famille dans son pays, toujou' ben. Ben i' s'a exilé trop tôt, le garçon à Jude. Quand c'est qu'il a vu qu'i' pardait tous les jours du terrain, et qu'i' pardait de l'argent, la peur l'a pris. C'est qu'il avait pas les moyens de s'endetter, le garçon à Jude, pour erpeintu-rer sa bus, et pis y mettre des bancs à ressorts, et s'engager un chauffeux avec un casque pis un capot de police. Pis il arait falli itou qu'il élonge sa ride jusqu'à Sussex pis Saint-Jean, pour pas que son monde ayit à changer de bus à la ville. Ben tout ça, ça pornait de l'argent, et dans notre boute, ouayez-vous... Ça fait qu'y a venu un houme des États qu'en avait de l'argent, lui, pis qu'a pu se payer une bus neuve avec huit roues, des fauteuils de velours, un cendrier chaque banc, et une bécosse dans le siége d'en airiére. Ah! pour une bus, ça c'était une bus, parsoune avait rien à redire. Et le monde s'a mis à prendre c'te bus-là putôt que c'telle-là à Jude, par rapport à la bécosse et aux siéges de velours. Pis un beau jour, j'avons su que le garçon à Jude avait vendu sa bus et s'en avait été travailler dans les shops aux États. Et asteur, ben je pornons la bus des

États pour aller à la ville. Ben, si il avait pu espèrer une petite affaire, le garçon à Jude, une petite escousse encore, peut-être qu'un jour les temps ariont venus meilleurs et qu'il arait pu itou se payer une bécosse dans sa bus... Ah! ben, c'est malaisé, c'est malaisé pour un houme qu'a rien d'aouère de quoi.

Quand c'est que les temps venont durs... faudrait qu'un houme qu'a une terre à lui asseyit de traverser l'orage sans lâcher. Faudrait qu'i' se disit que c'est une bourrasque et que ça passera. Ben non, il a besoin de manger tout de suite, pis de faire vivre sa famille, ça fait qu'i' vend un arpent, pis un autre, pis sa terre à bois. Il se réveille un bon matin avec un champ de ramenelle sus les bras, qu'i' finit par lâcher itou au plus payant. Le plus payant est jamais un grous payant, dans ces cas-là. Et souvent c'est le même qu'achète les terres de tout le monde. Où c'est qu'i' prend l'argent, c'ti-là, ça... Quand c'est qu'un houme a de l'argent, il a de l'argent, c'est toute, on se demande point d'où c'est que ça vient. Un houme riche, c'est un houme qu'a de l'argent, c'est toute. Ça fait que quand c'est que les temps sont durs, coume asteur, tout le monde vend sa darnière laize de boune terre, pis sort ses papiers pour les États ou ben se met sus ses stamps. Pis une boune jornée, on s'aperçoit que tout le haut du comté appartchent à un houme. Et c'ti-là, i' peut faire ce qu'i' veut.

...I' peut si i' veut rebouèser toutes les bounes terres que nos aïeux avont défrichetées durant passé six générations. Oui, quasiment deux cents ans à couper des âbres et aouindre des souches de la terre, mon défunt pére lui-même me l'a conté. Et asteur i' s'en revenont planter des sapins sus c'tes terres-là. Bintôt y ara pus un village de reste au pays, ben pus rien que du bois coume du temps des sauvages. Ben les sauvages, z-eux, ils aviont fait leu nique dans les bois, c'était leu chus eux. Ils se bâtissiont des cabanes là, pis ils chassiont le castor pis la pardrix. Oui, ils étiont chus eux dans les bois. Ben nous autres, ça nous appartchent pas, rien de ça.

Tout le pays appartchent à c'ti-là qui l'a payé, laize par laize. Et c'ti-là, i' peut si i' veut défendre au monde de pêcher dans les lacs ou dans les russeaux ; i' peut les empêcher de ragorner les beluets et les frambouèses dans les mocauques ; i' peut les arrêter de faire des pique-niques dans les bois ; i' peut planter ses « no trespassing » partout. Ça finit qu'y a pus un seul petit coin de terre, ou d'eau, ou de chemin de roi où c'est qu'une parsoune a droit d'aller faire ses besoins sans payer. Eh ben, v'là ce qu'i' feriont avec la lune, qu'il a dit, Gapi.

Ah ! ben la lune, tant qu'à ça, qu'ils s'arrangiont. Y a pas apparence que j'arons jamais envie d'aller faire nos besoins par là. Pour le restant, j'avons rien à dire. C'est ben mieux de même, que j'y ai dit à Gapi. Aussi longtemps qu'ils seront occupés là-bas, j'arons la paix icitte. Laisse-les se chamailler pour la lune, que j'y ai dit. Laissons-les se chamailler partout où c'est qu'ils voudront, coume ça je serons sûrs qu'ils nous toucheront pas. S'ils voulont se faire des guerres entre-z-eux, que j'ai dit à Gapi, en Égypte ou ben à la Viêt-nam...

Ben Gapi, il veut pas crouère ça non plus qu'ils avont une vraie guerre à la Viêt-nam. C'est toutes des histouères inventoriées, ça, qu'il a dit. Par rapport qu'une guerre, ça se passe pas de même. Tant qu'à ça, Gapi, il counaît ça, il en a fait une, dans les vieux pays. Pis il dit que tout ce qu'ils racontont sur la Viêt-nam, ça peut pas se faire. Une guerre, ça se fait entre des armées, sus un champ de bataille ; pas dans les rues pis les écoles, avec des femmes pis des enfants. Et pis quoi c'est que les États ariont à faire là, qu'il a dit, à Viêt-nam ? C'est point chus eux, ça, ils ariont point été se mettre le nez là. Y a pas un fou d'Amaricain qui s'en irait se battre à l'autre boute du monde, coume ça, dans une guerre qui le regarde pas.

— Ben pourquoi c'est faire que t'as été en Angleterre ? que j'y ai dit.

— Parce qu'ils m'avont circonscrit, qu'il a dit.

Ça fait que j'y ai dit qu'ils aviont peut-être ben circonscrit les Amaricains itou. Ben tu fais pas démordre Gapi avec des discours de même. Il veut pas crouère qu'ils avont une guerre là-bas pantoute. Et pis si les Amaricains étiont rendus dans un petit pays de sus l'empremier coume la Viêt-nam, qu'il a dit, un petit pays grous coume la Barre de Cocâgne, tu crois qu'a serait pas déjà finie, leu guerre, qu'il a dit ? Ah ! pour ça, Gapi a raison. Les Amaricains avont point l'accoutumance de faire traîner ça, z-eux, une guerre. Quand c'est qu'ils avont largué leu Titanic sus le Japon, il en est pas sorti un chat en vie de leur Japon. Asteur coument ça se ferait qu'ils laisseriont traîner une guerre dans un pays pas pus grous que la Barre de Cocâgne et encore plusse dans les terres que Saint-Norbert pis Saint-Paul ? Gapi, il conte que c'est tout de la propagation. Ben laisse-les faire, que j'y dis. Quand c'est que tous les soldars seront morts, et que toutes les bombes aront explodé, ça sera fini et j'arons la paix. C'est ben mieux que ça se passit dans les vieux pays, que j'y dis.

C'est sûr que le gouvarnement doit saouère ça que c'est mieux que ça se passit dans les vieux pays. Coume ça, y a pas de danger pour nous autres. Si i' faut qu'à tout de reste ils jetiont leux bombes pis qu'ils entraîniont leux soldars à mirer, y a pas de doumage qui sera fait icitte. C'est les genses de par là qu'attraperont toute... Les femmes pis les enfants de la Viêt-nam... Je sais ben pas quoi c'est qu'ils nous aviont fait, ceuses-là. Je sais ben pas... Ah! je crois ben que c'est pas le monde du coumun coume nous autres qui peut saouère ça. C'est point à nous autres que le gouvarnement viendrait espliquer pourquoi c'est faire qu'i' déclaire une guerre ou ben qu'i' défend la pêche au large. Je crois ben que ça nous regarde pas non plus. Ça fait que je me figure que le monde qui se fait tuer là-bas, ça doit être du monde coume nous autres et que c'est point ceuses-là qu'avont de quoi à dire là-dedans. Ils avont dû leu lâcher une guerre par la tête coume ils nous avont pogné nos trappes à la côte, sans nous avartir ni sans nous demander la permission. Je sais ben que les affaires du gouvarnement, ça nous regarde pas, pis que j'avons rien à redire. Les genses de la Viêt-nam non plus. D'abôrd une fois que t'es mort, tu peux pas dire grand chouse, ils savont ça.

Ben Gapi, ça s'adoune qu'il a de quoi à dire. Qu'il en ait ou pas, il badgeule. Et il a point dans son idée de se laisser pogner pour un' autre guerre, ni pour la lune. S'i' leu faut encore du monde pour la lune, ah! ben là, ils se passeront de Gapi, qu'il leur a dit. Et i' démordra pas, je le counais.

...C'est ben, c'est ben: Gapi ira pas à la lune, c'est toute. D'abord parsoune y a demandé. Et j'ai pas espouère que jamais parsoune viendra me demander à moi non plus pour aller me promener par là. Ben si i' me demandions... oh! juste faire un petit tour pour aller ouère... pour ouère quoi c'est que ç'a d'l'air une terre tout proche du paradis, qu'a pas encore été brisée par parsoune, pis pas encore été vendue aux riches ; pis avec ses bois encore pleins de beluets et ses côtes chargées de coques ! Ah ! ça ferait bénaise de ouère ça ! Et de ouère la terre au loin, au plein cœur du ciel, qui vire jour et nuit, avec tout le monde du monde dessus. De loin, coume ça, ça me r'semble qu'une parsoune doit pas aparceouère la vase des barachois, ni l'harbe à puce, ni le chiendent, ni même le tounerre pis la sorciére de vent. A' doit point entendre horler les enfants, non plus... Ben tant qu'à ça, a' pourrait point les entendre rire ou ben s'appeler des noms. Pis a' ouèrait pas arriver les outardes au printemps, ni dégoûter le jus des âbres qui dévale dans les russeaux jusqu'à la baie.

...Ah ! je crois ben qu'une parsoune est encore mieux de rester chus eux. C'est peut-être encore Gapi qu'a raison.

Les bancs d'église

Gapi, lui, il parle pas souvent. C'est putôt un jongleux. Ben quand c'est qu'il fait tant d'ouvrir la gueule pour s'aouindre les idées de derrière les méninges, ah! ben là, halez-vous d'un bôrd: vous êtes sûr qu'i' va envoyer soit un prêtre ou ben un houme de la Relance manger queque chouse qu'ils aimeront pas. C'est parce que Gapi, i' fait de la bile. Ils appelont ça un bileux. Il vient jaune comme un navot, des fois. Ben, chatchun sa couleur: moi, ils contont que je suis putôt varte; Séraphine, avec son cruchon de flacatoune, elle est quasiment tout le temps rouge; et la Sainte, yelle, elle est restée bleue depuis qu'elle a entrepris de se faire Enfant-de-Mârie. Ben oui, la Sainte, pensez ouère, a' s'a déjà fait Enfant-de-Mârie, l'enfant de chienne... Eh oui, y en a qu'avont des idées de grandeur coume ça. Heh!... Si je l'avions laissée faire, elle était capable d'aller se faire sœur, ma grand foi Djeu oui!

Non, Gapi il parle pas souvent; ben c'te fois-là, il vous a fait rouler entre ses deux palais l'un de ces discours coume y arait pas un satré évêque dans tout le comté pour en cracher un pareil.

— Jésus-Christ de Bon Djeu des Saintes Viarges et martyrs confesseurs, quoi c'est que la Sainte a dans l'idée! qu'il a dit.

Parce que Gapi, il est peut-être ben bileux pis badgeuleux, ben il est pas fou tout net. Et si y a une chouse qu'i' peut pas endurer, c'est de ouère un houme ou ben une femme qui garde pas sa place. Quand c'est que le petit gars à sus Willy s'a fait instruire jusqu'au grade huit, j'étions pas contre ça, parsoune. Pas même Gapi. Fais-toi instruire, que j'y avons dit, ben viens-t'en pas écrire des mots latins sus les couvartures de nos bécosses, par exemple. « Vincit », qu'il avait écrit. Saloperie !

Ça fait que figurez-vous que la Sainte, au jour qu'il est, elle a encore son ruban pis sa médalle. Aussi sûr que je suis là, la Sainte repasse son ruban pis fait mirer sa médalle à l'huile Saint-Joseph à tous les samedis souères. Ah ! ça vous l'a changée, son Enfant-de-Mariage, qu'elle était quasiment pus recounais-sable, ma foi du Bon Djeu ! Pus recounaissable pour une femme d'en bas. C'est ça qu'a fait virer la bile à Gapi. Enfant-de-Mârie, correct, qu'il a dit, ben t'as pas besoin de porter l'estâtue de la grousse Goretti dans la procession, et de te figurer que t'as droit à ton banc à l'église.

Sus l'empremier, y avait peut-être ben des houmes qui se battiont à la côte ou derriére la forge, mais ils se vargiont pas dessus en plein mitan de la grande allée, toujou' ben. Ça, j'avions jamais vu ça. Et c'est la Sainte qu'a toute coumencé. Quoi c'est que vous voulez faire avec une Sainte ! Et c'est nous autres qui l'ons sus les bras. A' s'a mis dans la tête un bon jour qu'a' pouvait aussi ben aller au ciel que n'importe qui. Et même qu'a' se contenterait pas d'une cave ou d'une closet, mais qu'elle arait sa place coume les autres parmi les saints, les anges, pis les aigneaux de Djeu. Elle a voulu se garanti' une boune place en avant, de l'autre bôrd, pour toute ouère; et c'est pour ça qu'elle a entrepris de se convartir pis de se faire Enfant-de-Mârie. Parsoune avait rien à redire. Ben le jour qu'a' s'a mis dans la tête d'aouère son banc à l'église, par exemple...

Depuis tout le temps y avait du monde qu'aviont leux bancs en avant, d'autres qu'aviont des chaises en airiére, et pis d'autres qu'étiont deboute. Chatchun sa place. Et y avait pas de chicane. Ben v'là-t'i pas qu'un beau dimanche du mois d'août, le prêtre annonce en plein prône que le dimanche d'ensuite y arait un encan à l'église. Par rapport qu'y avait du monde des concessions qu'aviont à redire sus ce qu'ils avont appelé des passe-droits. Ils trouviont que c'était pas juste que ça seyit tout le temps les mêmes qui seyont assis en avant, et ils aviont pour leu dire que le prêtre devit vendre ses bancs à l'encan. Ben laissez-moi vous dire que ça s'a pas fait tout seul. Quasiment toute la parouesse était contre ça, à part de ceuses-là des concessions et d'en dehors. Nous autres, j'avions rien à dire parce que je payions point notre dîme. Et quand c'est qu'une parsoune paye pas sa dîme, ben a' se trouve coume qui dirait hors-de-l'église-point-de-salut.

Ben, ce jour-là, par exemple, j'étions à l'église, tout le monde. Par rapport à l'encan. Je manquions jamais un encan, nous autres, parce que ça coûte rien... à moins que tu te mettis dans la tête d'acheter. Mais depuis que le jeune à Polyte avait huché: « Une piasse! » à l'encan de Saint-Norbert, pour faire enrager, et pis qu'il était resté avec un potte de chambre sus les bras, depuis ce temps-là, j'allons aux encans, ben je nous fermons la goule. Toujou' que c'te beau dimanche du mois d'août, j'avons été les ouère vendre leux bancs à l'église.

Ils avont coumencé par faire la procession en belles hardes, du tabarnacle du mitan au tabarnacle d'à côté. Pis là, ils avont fait exploser le Saint-Sacrement. Pis il a resté explosé coume ça tout le temps qu'a duré l'encan. Apparence que le prêtre voulait s'assurer que le Bon Djeu en parsoune arait l'œil sus son encan et laisserait pas partir un banc en bas de cinq piasses. Ah ! pour ça, Gapi a eu à dire que le Bon Djeu devait aouère la bosse des affaires, parce qu'i' s'est fait un moyen coup d'argent ce matin-là. Vous ariez dû ouère ça. Rien que les deux premiers bancs de la grande allée, à z-eux deux, avont rapporté passé trente piasses. Je crois ben : c'est la femme à Dominique qui s'a mis à gager contre c't'elle-là au docteur. Cinq piasses une fois, dix piasses, douze piasses, dix-huit piasses deux fois, trois fois, vendu ! Ça vous monte un banc, à ce prix-là. Et quand c'est que le barbier a vu ça, il était point pour rester en airiére de sus Basile à Tom qu'aviont déjà avancé de deux bancs. Et pis la grand' Carmélice a été se flanquer droite en avant du p'tit Jean à François qu'a décidé sus le coup de changer d'allée et de s'asseyer contre le banc des Michaud. Mais les Michaud tchéniont leu banc depuis la Déportâtion et ils aviont point l'étention de lâcher. Huit piasses, douze piasses une fois... treize piasses, treize piasses une fois, deux fois, trois fois, vendu, vendu au p'tit Jean à François à Boy à Thomas Picoté contre les Michaud. Ah ! là, ç'a coumencé à aller mal.

Ça fait que nous autres, je nous avons tout assis sus la rampe du jubé et j'avons espèré qu'il se passit de quoi. Je savions que les Michaud pourriont pas envaler ça. Et coume de faite. Ils s'avont-i' pas amenés, toute la famille, et ils avont débarqué sans avartir dans le banc des Colette qu'était en face du leur. Quand c'est

86

que les Colette s'en avont aparçu, i' était trop tard : une fois, deux fois, trois fois, vendu ! Ça fait que les Colette avont râflé c'ti-là des Maillet, et les Maillet c'ti-là des Léger, et les Léger se prépariont pour gager contre les Robichaud quand c'est que j'avons vu s'aouindre au beau mitan de la grande allée un garçon à Frank à Louis à Henri à Bill du quatrième rang de Saint-Hilaire qu'avait jamais pu suire une messe assis dans un banc encore.

— Quatorze piasses ! qu'il a huché coume ça en pleine église, que les châssis couleurés en avont frissouné.

Quand c'est que les Léger et les Robichaud avont compris quoi c'est qui se passait, ils avont été assez saisis qu'ils avont point été capables de dire un mot durant une boune escousse. Et c'est coume ça que les concessions avont pu se faufiler et prendre leu place dans les bancs d'église. Parce que quand c'est que les Village-des-Colette avont vu les Saint-Hilaire envahir les bancs, ils s'avont amenés itou, et ils avont dénigé à leu tour les Gallant, les Barthe pis les Landry. Et le Cove a grimpé par-dessus les Bourque, et la Petite-Riviére vous a fait revoler les Cormier, les Girouard et la motché des LeBlanc de la parouesse. Il restait pus rien que les Richard qu'étiont ben assis dans leu banc avec les deux mains serrées sus le dos du banc d'en avant, ben décidés qu'ils se feriont couper les doigts putôt que de lâcher. Ben ils s'avont fait couper l'harbe sous les pieds et couper le souffle droite icitte par parsoune d'autre que la Sainte, pensez ouère !

...Ouais... La Sainte, en chair et en ous, corps et âme, tripes et boyaux, sans carculer ni s'émoyer de rien, s'a avancé de tout son long quasiment à la sainte table, et pis là, a' s'a acheté un banc. Et c'était le banc qu'avait appartchenu aux Richard depuis la fondation de la parouesse, t'as qu'à ouère !

Là, j'avons compris que le frolic allait coumencer. Et coume de faite, ç'a pas tarzé. Tout un chacun qui s'avait fait râfler son banc avait de quoi sus le cœur, ce matin-là. Et c'était quasiment tout le monde. Ça fait que quand c'est qu'ils avont vu que les Richard alliont se jeter sus la Sainte, ils en avont pris avantage et chatchun s'a mis à varger sus son ouasin. Dans moins de temps que je peux le dire, les barreaux de chaises ervoliont, les vitres craquiont et les stâtions du chemin de la croix timbiont sus la tête à Saint-Antoine et à Marie-Reine-des-Cœurs. Le prêtre, lui, s'accrochait coume il pouvait à son ascensouère et asseyait de toutes ses forces de protéger le Saint-Sacrement. Et nous autres, dans le jubé, je clapions des mains et je huchions : «Fesse, Jos !» Même que Noume a timbé sus l'orgue qui s'a mis à jouer « Sweet Adeline ». Ah ! c'est la plus belle sarémonie à l'église que j'avions encore vue. Quand, à la fin, le prêtre a réussi à faire sortir tout le monde, chatchun apportait avec lui un morceau de son banc.

Excepté la Sainte. Elle a rien eu, celle-là. Parce que le dimanche d'ensuite, quand c'est qu'a' s'a mis un chapeau de plumes sus la tête et qu'a' s'en a été droite vers son banc, il était déjà pris. Parce que c'est pas toute de gager à l'encan, il faut que tu payes, itou, et que tu payes comptant. Ben, la Sainte se figurait qu'un banc, ça s'achète à crédit, coume de la mélasse. C'est là qu'a' s'a fait prendre. Les Richard aviont de quoi payer tout de suite. Et ils avont eu le banc. C'est coume ça qu'y a ben des genses des concessions qu'avont dû retorner à leux chaises.

...Et c'est coume ça itou que Louis à Livaï s'en a retorné avec rien. Pauvre Louis ! Ça faisait des ânnées qu'il était assis dans le même banc, du bord du Sacré-Cœur, à côté de la colonne. Depis qu'il avait pardu sa femme, des bronches, il y restait pus parsoune autour de lui, le vieux Louis, et i' s'ennuyait. Par rapport que tous ses enfants aviont mouvé aux États, et l'aviont laissé tout seul, oui, tout fin seul. Ça fait que son train fini, i' s'en allait à l'église, Louis à Livaï, faire son petit tour, tous les souères. Pis le matin, il allait à la messe ; pis le vendordi pis le dimanche, il faisait son chemin de croix.

Et il avait son banc. Un beau banc, avec son marchepied, son numèro, pis sa petite planche pour y attoquer son livre de messe. Un vrai banc coume ceuses-là des autres. Ah ! c'est pas qu'il était un houme riche, Louis à Livaï, ni qu'i' voulit faire le gros ; ben, ça le désennuyait d'aller à l'église. Et coume i' passait quasiment la motché de son temps là, il avait décidé qu'il serait aussi ben d'aouère sa place à lui où c'est qu'i' ouèrait ben le tabarnacle, et où c'est qu'i' dérangerait parsoune. Ça fait que c'te ânnée-là, il avait vendu un veau, et s'avait acheté un banc. Ben l'ânnée d'ensuite, les bancs aviont monté, ça fait que le pauvre Louis avait été obligé de vendre une vache. C'est coume ça qu'il avait pardu quasiment toutes ses bêtes à cornes, Louis à Livaï, et qu'il était rendu à se débarrasser de ses volailles et de ses cochons. Pis y a eu l'encan. C'te ânnée-là, y avait venu un houme des terres s'établir avec sa famille dans la parouesse. Des Bourgeois venus du sû qu'étiont des grous farmiers, à ce qu'i' contiont. Ben des genses à l'aise pouvont pas asteur rester deboute en airiére de l'église durant les sarémonies, ça serait un vrai déshouneur. Ça fait qu'apparence

que la femme arait dit à son houme, coume ça, qu'a'
voulit tout de suite un banc. Ben c'était malaisé pour
un nouveau venu de déloger son ouasin de sa place à
l'église en arrivant dans la parouesse. Fallit espèrer la
vente des bancs, qu'il a dit. Ben ç'a pas tarzé qu'y a eu
l'encan.

Entre temps, la femme s'avait émoyée, apparence, pour s'aouère qui c'est qui pouvait pas payer
son banc plein prix ; et elle arait poussé son houme à
gager contre Louis à Livaï. Ben ils avont pas eu à gager
ben longtemps, par rapport qu'i' y restait pus rien
quequerques poules, au vieux Louis, et une chèvre. Et la
chèvre, ben, il l'avait depis la mort de sa femme et il
voulait pas s'en débarrasser... Eh ben, il a pardu son
banc, Louis à Livaï, coume ben d'autres. Et apparence
qu'asteur il retorne pas à l'église souvent. Y en a qui
contont qu'i' reste des heures, le souère, assis su sa
bouchure de lisses, à jongler. Tout seul avec sa chèvre.
Ça fait coume pitché...

...Ben la Sainte, yelle, parsoune en a eu pitché.
Par rapport qu'elle avait point affaire, asteur, à se
faufiler parmi le monde qu'était point son monde, et
asseyer de mener une vie qu'était point sa vie.

— Faut saouère garder sa place, que Gapi a dit à
la Sainte. Les bancs d'en avant, c'est pour les genses
en capot de poil pis en mouchoué de soie ; ceuses-là
qui venont à l'église en gumrubber pis en mackinaw,
faut qu'ils se contentiont des chaises en airiére ; pis
nous autres, je devons rester deboute coume j'avons
tout le temps fait.

V'là ce qu'il a dit, Gapi. Et moi je vous dis qu'y
a pas un évêque qu'a jamais parlé autrement.

La guerre

Par chance qu'y a eu la guerre ! Quoi c'est que j'arions fait, nous autres, sans ça ? Ah ! les temps étiont rendus point aisés. Entre la dépression et la guerre, y a eu un temps mort où c'est qu'i' se passait pus rien entoute. Pus rien qu'i' se passait, en ce temps-là, et j'arions été capables de corver coume des bêtes abandounées, droite là dans nos trous. Ben y a eu la guerre. A' s'en a venu par icitte juste à temps, c't'elle-là. Juste au bon temps pour nous sauver de la misère. Parce que si j'avions pas pu nous rendre jusqu'à la guerre et que j'avions corvé en chemin, pas parsoune s'en arait aparçu. Parce que ce temps-là, apparence que même les riches en arrachiont pour attraper les deux boutes. Ça fait que nous autres... ben nous autres, je tchenions même pas un boute dans nos mains. Je tchenions pus rien entoute. Par chance, y a eu la guerre.

Ouais... une ben boune guerre, que je vous dis. Avant qu'a' s'amenit, la guerre, je crois ben que le Bon Djeu en parsoune arait été dans l'embarras si je l'avions questiouné sus les genses d'en-bas. Je crois ben qu'il arait point été capable de toute nous noumer. Y a pus parsoune qu'avait l'air de saouère que dans notre boute y avait encore du monde en vie. Parce que les darniéres ânnées, tout ce qui sortait d'en-bas, c'était des sarcueils d'enfants. Ceuses-là qu'arrivaient pas à mouri' restiont terrés coume des marmottes dans leu trou jusqu'à ça que le printemps ersoude. Ben notre printemps, ç'a été la guerre.

Là, j'avons ersoudu, nous autres itou. Ils veniont même nous qu'ri' chus nous. Ça faisait point trois mois que la guerre était coumencée, qu'ils saviont déjà le nom de tous les houmes d'en-bas, avec leur âge, leu pesanteur, leu couleur de cheveux, les maladies qu'ils aviont pis ceuses-là qu'ils aviont pas; ils saviont itou ça que chacun pouvait faire, et pis le nombre de leux femmes et de leux enfants. Tout ça était écrit sus leux papiers coume si le gouvarnement en parsoune avait l'étention à l'avenir de s'occuper de nos affaires. C'était tchurieux, ben je nous plaignions pas. Par rapport que ça faisait pas de diffarence qui c'est qui pornait nos affaires en main, il pouvait pas en prendre plusse que j'en avions et j'en avions point.

La darniére chouse que j'avions lâchée, je me souviens, c'était nos lits pis nos matelas. Ah! c'était point des matelas à ressorts ni des lits de plumes, faut pas se faire des accrouères. Souvent je nous fabriquions des lits avec des planches de goëlettes échouées sus les côtes. Ça sentait un petit brin l'étchume et pis le goémond, ben ça pornait pas l'eau, toujou' ben. Et je les faisions assez hauts sus pattes pour pas partir à la d'rive au temps des marées hautes et à la fonte des neiges. Ben à la fin, j'avons dû quitter partir nos lits avec le reste. Par rapport qu'un sommier pis des plumes, ça se mange point. Une parsoune peut dormir deboute ou dans la place, ben a' peut point manger du bois... Pas longtemps, toujou' ben... Pas toute sa vie... Par chance, y a eu la guerre.

Ils s'avont amenés en jeep, un bon matin, jusqu'à chus nous. J'avions pas de chemin du roi pour passer devant nos portes, nous autres, ça fait qu'ils s'avont amenés en jeep. Des beaux jeeps tout mirants et assez forts qu'ils porniont même pas la peine de débarquer rouvrir la barriére et qu'ils passiont à travers des bouchures coume si ç'avait été une ligne à hardes. Tous les houmes avont sortis ouère quoi c'est qui s'amenait et s'avont trouvés juste en face de la circonscription. Ils les avont circonscrits juste là, devant la porte. Pis ils avont fait le tour de nos cabanes pour s'assurer ouère qu'il se cachait pas parsoune. Ben je peux pas ouère pourquoi c'est qu'il s'arait caché du monde à cause de la guerre qui se faisait dans les vieux pays à pas moins de cent milles d'icitte. C'est ça que Gapi leur a dit ; ben ils avont quand même passé tous nos bâtiments au peigne fin, jusqu'aux bécosses et aux cabanes à épelans. Ils avont pas trouvé parsoune, à part du vieux Fardinand à Jude qu'avait pas pu sortir parce qu'il a eu ses deux jambes coupées en haut du genou lors de la premiére guerre, et pis 'Tit Coq, qu'a pas sa tête à lui. Il a pris la méningite 'tant jeune, 'Tit Coq, et coume ils disont, soit qu'ils en mouront ou qu'ils en venont fous. Il en a gardé la tête cobie, le pauvre esclâve. Ça fait que c'est le seul qu'a eu peur de la circonscription et qui s'a caché dans une pontchine de mélasse. Ils l'avont aouindu de sa pontchine et ils l'avont circonscrit avec les autres... Ben ils l'avont relâché une semaine après, par rapport qu'ils lui ariont trouvé six orteils au pied gauche, à ce qu'on dit.

Ils avont relâché Julien à Pierre, itou, et Tilmon et le Bossu. Y en a un qu'avait ses trois pommons de parcés qu'ils avont écrit sus son rapport ; et un autre qui voyait rien que d'un œil et ç'avait l'air qu'il mirait tout le temps du bôrd des sargents quand c'est qu'ils lui mettiont un fusil dans les mains ; le Bossu, lui, il gardait point le pas, à ce qu'ils avont rapporté : c'est malaisé de ouère droite devant toi avec les yeux de rivés à terre. Ben, les pauvres réchappés, ils s'en avont revenus la phale basse, parce que l'armée dounait des bounes gages, dans le temps, pis elle envoyait même des chèques aux femmes qu'aviont leux houmes à la guerre.

C'est là que j'avons pu regrimper la côte, nous autres. Le premier chèque qui s'a amené dans le boute, c'est Laurette à Johnny qui l'a reçu ; et par chance que le docteur était là, c'te souère-là, par rapport à la vieille qu'était parée à rendre son darnier souffle ; et qu'a pu saisir qu'i' s'agissait ben d'un chèque, parce que Laurette se préparait à le jeter au poêle coume une annonce de cataloye. Pis là je nous avons toute mis à en receouère chacun notre tour et pus parsoune a eu l'idée de le jeter au feu.

Ah ! pour une guerre, c'était une boune guerre ! Et une belle guerre. Vous ariez dû ouère ça ! Quand c'est que leu parade passait au chemin, je courions toute nous attoquer sus la bouchure et je restions là des heures à regarder parader les tanks, pis les jeeps, pis les canons ; pis à hucher des noms après les soldars qui souffeliont dans un cornet pis fessiont sus un tambour. Pis j'essayions de prendre le pas à côté de z-eux. Des beaux soldars, ben greyés en soldars ou ben en matelots, avec leux têtes de ben rasées ben propres. I' faisiont pas zire. Pis i' vous faisiont des clins d'œil de travers, parce que c'était défendu pour un soldar de se virer la tête dans la parade. Ça fait que je nous mettions au pas pour marcher à côté de z-eux. Ben y avait tout le temps queque effarée qui s'aventurait à en pincer un pour le faire rire, et je finissions par nous faire renvoyer par le capitaine. Ben au moins je pouvions écouter la musique et regarder la parade.

Et pis des fois les dimanches, je pouvions aller ouère la Home Guard qui pratiquait la guerre derriére l'église. Oui, par rapport qu'ils aviont enrôlé dans la Home Guard tous les houmes qu'étiont trop jeunes, trop vieux, ou trop estropiés pour aller à l'armée. C'était l'armée de réserve, qu'ils l'avont appelée, et qui restait au pays pour nous défendre nous autres si la guerre se rendait chus nous. Ceuses-là qu'étiont forts pis ben portants, ils les envoyiont défendre les autres dans les vieux pays.

Ah! c'était une belle Home Guard, tant qu'à ça. C'était point aussi beau que la parade qui passait au chemin, ben c'était une maniére de semblant de guerre pareil qu'i' faisiont là dans le champ de l'église. Y avait là-dedans 'Tit Coq avec ses six orteils, pis Julien à Pierre avec ses pommons porcés, et Tilmon et le Bossu et tous les vieux traîneux de forge qu'aviont accoutume de fumer autour de l'enclume, des jornées durant. Là, ils étiont tout enrôlés dans la Home Guard. Pis ils aviont un sargent pour les guider et leu montrer coument défendre le pays en cas que les Allemands débarqueriont par icitte, sans avarti'. C'était Télex qu'avait fait l'autre guerre, la premiére, et qui pouvait pas retorner au front par rapport qu'il avait été gazé là-bas, apparence. Il en avait resté tout jongleux, Télex, et quasiment chaviré.

Ben ce que les filles de par chus nous avont le plusse aimé de la guerre, je crois ben que c'est les Flat Foot: c'est coume ça que j'appelions les Anglais qu'aviont travorsé de l'autre bôrd pour s'en venir pratiquer la guerre par icitte où c'est qu'i' seriont à l'abric. Par rapport que c'était malaisé pour un jeune soldar, qu'ils avont dit, de pratiquer ses exercices de guerre quand c'est qu'il est tout le temps dérangé par les bombes et les canons qui... Ah! là Gapi a eu de quoi à redire. Une guerre ça se pratique au front, qu'il a dit, pas derriére l'église. Et un soldar qui se tchent à l'abric, qu'i' dit, je m'y fierais point, moi. Ben tant qu'à ça, Gapi, i' counaît ça. Pis surtout que les Flat Foot, ben...

...l' regardiont ben, ouayez-vous, et ils aviont belle mine. Ça fait que chaque fille de par icitte voulait sortir avec son Anglais. Même les filles d'en-haut. Ça se gênait pas. Ben ils étiont rien que venus pour pratiquer, les Flat Foot, et ils s'en avont retornés. Et y a ben des filles qu'avont resté avec leu peine... pis un petit ou deux de plusse sus les bras. Ah! ben, ç'avait duré quand même queques mois, ou queques ânnées; et j'ai pour mon dire qu'une parsoune doit pas rechigner sus un bounheur de vie, même si i' dure rien que queque temps. C'est coume la guerre, qu'a rien que duré queques ânnées; ben c'était une boune affaire, une ben boune affaire! La meilleure affaire depuis la dépression et le naufrage de la dune.

Ben, oui, durant la dépression, les temps sont venus assez mauvais qu'une parsoune pouvait point descendre pus bas. Ben quand c'est que t'es bas assez, là, ils se décidont de faire queque chouse pour pas te laisser corver. Durant la dépression, par exemple, ils avont inventé la soupe. À partir de ce temps-là, j'avons coumencé à être ben. J'avions tous les mois notre sac de farine et notre cruchon de mélasse et des fois même de la boqouite pour des crêpes. La dépression nous a sauvés de la misère, nous autres. Le pire temps pour le pauvre monde, c'est quand c'est qu'i' se passe rien:

pas de guerre, pas d'inondation, pas de crache écumunique... pas rien pour rappeler au monde qu'y en a qu'avont pas de quoi à manger. C'est les temps les plus malaisés. Par chance que ça dure pas trop longtemps. D'accoutume, y a queque sorte de crise à tous les dix ou vingt ans, et je pouvons coume ça prendre notre respire d'un dix ou vingt ans à l'autre.

La darniére fois, c'était le naufrage de la dune. Y a passé soixante houmes qu'étiont partis pêcher la morue au large, c'te matin-là. Apparence que le radio avait annoncé de l'orage, mais nos houmes à nous-autres aviont pas de radio à bôrd, y en a même qu'aviont pas d'engin et qui pêchiont à la rame. Ça fait qu'ils s'avont aperçu de l'orage qu'ils l'aviont sus le dos et c'était trop tard pour rentrer au goulet. Apparence que les lames aviont passé soixante pieds de haut et y en a qu'étiont en dôré là-dedans. La plupart avont échoué sus la dune. Les mâts, les dôrés, et les reins cassés en deux. Y en avait pèri cinquante-trois d'un seul coup. Les prêtres avont pas fait de façon, c'te fois-là, pour les enterrer en terre sainte. Tes pâques ou pas tes pâques, si tu pèris dans un naufrage qu'en emporte cinquante-trois d'un coup, ils t'enterront avec les autres dans le cimetchére des sénestrés. Ah ! c'était point un jour ben joyal quand fallit entendre souner cinquante-trois glas la même jornée. Ben, ça nous a remis sus pied pour encore un boute, c'te naufrage-là. Par rapport que la gâzette, et le radio, et le prêche du dimanche, tout ça s'a mis à parler de nous autres et à organiser des collectes pour nous faire oublier. Ben ça nous a fait oublier notre faim, toujou' ben, pour un boute.

Pis y a eu la guerre. Je crois ben que ç'a été pour nous autres la meilleure affaire. La meilleure affaire avec le naufrage et la dépression. Parce qu'ils avont pas arrêté de nous envoyer nos chèques tout le temps que nos houmes avont été de l'autre bôrd. Et les femmes des soldars qui sont pas revenus avont continué de receouère leux chèques de veuves. Et Caillou qu'a laissé l'une de ses jambes en Angleterre a reçu plusse de quoi pour c'te jambe pardue que pour toute l'ouvrage qu'il arait pu faire avec l'autre. Et Jos Chevreu qu'est revenu avec deux trous à la place des yeux... ben i' y avont payé des lunettes nouères, une canne blanche pis une pension. Et le jeune gars du défunt Pit Motté qu'avait pas même dix-huit ans quand ils l'avont signé, et pis qu'avait été le soutien de sa mére depuis la défunte mort de Pit, ils l'avont trouvé dans le fond des campagnes de France, deux ans après la guerre, et qui savait pas où c'est qu'il était par rapport qu'il avait pardu toute sa souvenance, le pauvre enfant de Djeu, à cause d'une balle de fusil à poudre qu'avait resté pris là, entre le cagouette et le râteau de l'échine. Ils l'avont ramené à sa mére, le soldar ; ben apparence qu'il l'a pas encore recounue à l'heure qu'il est.

Hé ben, il s'en a revenu, toujou ! La Sainte peut pas en dire autant de son garçon : il s'a marié par là, et pis elle l'a pus jamais revu, même si a' sait ben qu'il est encore en vie. Ils contont qu'il s'en reviendra pus jamais par icitte. Je crois ben que c'est à cause de la fille à Jeffrey. Il l'avait ben aimée, la fille à Jeffrey, et apparence qu'elle l'a point oublié. Ils étiont promis. Je crois ben qu'il peut pas se décider à ramener une femme qui pourrait aussi ben coume pas se promener sous les châssis à Jeffrey pour narguer sa fille. Non, c'est sûr et sartain que la Sainte reverra pus jamais l'ombre de son garçon.

Et pis c'est peut-être aussi ben coume ça. Depis ce qu'est arrivé au pauvre Joseph à Maglouère à Louis... Ils l'avoint rapporté mort. Ça fait que sa veuve a point pardu de temps : elle a sacrifié sa pension de veuvage et s'a mis en ménage avec le deuxième des garçons à Damien qu'était bel houme dans le temps, et qu'avait point frette aux yeux. Quand c'est que le pauvre Joseph a ersoudu de la guerre coume un revenant et qu'il a vu le garçon à Damien dans son lit... pauvre Joseph ! Ils l'avont repêché au printemps avec les huîtres.

...Ça fait passé vingt ans de ça. Je sons encore dans la misère jusqu'au cou. Une guerre, ça apporte de l'ouvrage, et pis de quoi à se mettre dans l'estoumac. Ben ça dure cinq ou six ans et pis ils signont la paix. Après, il faut retorner nous autres à nos huîtres, pis nos coques, pis nos palourdes. Et les temps redevenont durs. Et la misère reprend. Et j'avons pus rien qu'une chouse à faire : c'est de guetter qu'il s'en vienne une autre guerre qui nous ressortira encore une fois du trou.

L'enterrement

Je l'avons enterré, le pauvre Jos, enterré dans son pauvre trou. Ben tant qu'à ça, ça s'est pas fait tout seul. Ç'a point été si aisé que j'avions d'abôrd cru. Pas aisé pantoute. Ben, je l'avons enterré, toujou' ben. C'est chouse faite. Pauvre Jos! J'y avions si ben promis, ouayez-vous. Ah! pour ça, promis sus tous les sacrements. J'y avions garanti un trou, un trou grand assez pour y mettre un coffre où c'est qu'il pourrait s'élonger de tout son long, le pauvre Jos, sans aouère à se pleyer les genoux ou se tordre les chevilles. Un vrai coffre avec un oreiller, une croix pis des pognées, un beau coffre rembourré pour un mort qui se respecte : c'est ça qu'il voulait, le pauvre Jos, c'est ça qu'il voulait le plusse au monde. Et j'y avions promis sus la tête de la Viarge pis c't'elle-là de tous les saints d'y aouère un coffre où c'est qu'il arait pas honte d'être mort et de se coucher à côté des autres, le pauvre Jos.

C'est parce qu'il se souvenait de son défunt pére, Jos, pis de sa première mort. Ben oui. Ils avont tout le temps dit, par icitte, que le pére à Jos, le défunt Antoine à Calixte, avait mouri deux fois. Coument mort qu'il était lors de sa première mort, ça... Pour le sûr qu'il en avait ben l'air, en tout cas. C'était au temps de la grippe espagnole et la fièvre avait pogné Antoine coume les autres. Et avant même qu'il s'aparcevit de rien, le v'là mort et paré pour le cimetchére. Et coume fallit faire vite, en ce temps-là, par rapport que ça se dounait, la maladie, ils avont pas pris le temps de trop ben l'ensevelir ni d'y repasser un suaire propre. Ça fait qu'Antoine était point beau à ouère et sentait point à bon. Chacun disait : il faut l'enterrer tout de suite, il pue déjà. Seurement, c'était point une raison, parce qu'Antoine à Calixte, il avait pué toute sa vie, le pauvre houme. Hé ben, ils l'avont amené, en tout cas, et c'est pendant qu'ils lui chantiont son libératché que la motché du corps lui a ersoudu de sa tombe et qu'il a huché : « Jésus-Christ ! quoi c'est qui se passe icitte ? » Sus le coup, tout le monde a cru que c'était le bedeau qui s'en venait barrer son église — par rapport qu'à cause de la maladie, ils les enterriont après le soleil couché — et toutes les têtes s'avont retornées raide en airiére. Et c'est là qu'ils avont aparçu le défunt Toine assis dans son coffre et qu'asseyait de se désentortiller les doigts de son chapelet. Apparence que quand c'est qu'il s'avait réveillé et qu'il s'avait aparçu de ce qu'on était en train d'y faire, il avait guéri tout raide, l'Antoine à Calixte. Et même qu'il a pus jamais pris autchune maladie après ça, et que ç'a pris un coup de tounerre pour l'assommer à l'âge de quatre-vingt-douze, un coup de tounerre timbé en pierre.

Le pauvre Jos était jeune au temps de la première mort de son pére, et ça lui avait pus jamais sorti de l'idée. Parce qu'il se cachait derriére le poêle, les soirs d'hiver, pour entendre son défunt pére conter ce qu'il avait eu le temps d'aparceouère de l'autre bôrd. Tout le monde du haut du champ se réunissait sus Antoine pour y faire raconter. Il se faisait pas prêcher, l'Antoine. Il racontait tout ce qu'ils vouliont saouère. T'avais rien qu'à t'émoyer de quelqu'un de ta counaissance ou de ta parenté, que t'étais sûr qu'Antoine l'avait vu là-bas en train de pelleter du charbon ou ben de suire la procession avec les anges et pis les aigneaux. I' contait qu'il avait vu le défunt Pierre Crochu, de l'autre bôrd, attelé à la même charrette que le vieux Bidoche, et qu'i' haliont la charrettée de djables qui s'en venont ce bord-citte à la Toussaint faire enrager le monde. I' contait itou que la chaudiére était pleine de genses du pays que j'avions crus ben respectables et qui marchiont la tête haute dans ce monde icitte. Ben i' disait qu'i' pouvit point les noumer par rapport à leu descendance qu'étiont encore en vie, z-eux, et qu'aviont encore la tête haute. Le défunt Antoine à Calixte, c'était un houme qui parlait ben, et qui savait vous faire trembler de peur ou fendre la rate à force de rire. Ben Jos, il riait pas. La mort, ça lui dounait la chair de poule.

Apparence qu'le Jos arait coumencé ce temps-là à y jongler jour et nuit. Et plusse que ça allait, et plusse qu'il se dounait du trouble pour pas qu'a' s'en venit y timber dessus dans le dos, sans qu'il s'en apercevit. Il se souvenait de la premiére mort de son pére, et lui, il voulait une mort respectable, rien d'à motché, pas une demi-mort où c'est que tu ersouds de ton coffre avec des fleurs sus la tête et les doigts pris dans tes parles de chapelet. Non. Jos, il voulait une mort coume en avont les genses à l'aise. Ceuses-là se faisont point enterrer avant d'être sûrs d'aouère rendu le darnier souffle.

Seurement, le pauvre Jos, c'était point un houme riche, il avait point de quoi. C'est ça qui le troublait. Pour faire une boune mort, de nos jours, c'est point aisé. Faut qu'i' t'embaumit, et qu'i' t'ensevellit, et qu'i' t'achetit un lot, et qu'i' t'achetit un coffre, et qu'i' te trouvit des hardes neuves à l'équipolent de ton coffre. Tout ça, ça se trouve pas dans un champ de beluets ; et y a jamais parsoune encore qu'a gagné un cercueil ou une tombe au bingo. Ben, le pauvre Jos, il était mordu pour sa belle mort. Il était paré à toute. Ça fait qu'il a pris les moyens. Oui, monsieur, les vrais grands moyens qu'il a pris, Jos.

Un beau matin, il s'en a été cogner à la porte d'un entrepreneux des pompiers funèbres. Et pis là, il s'a émoyé de tout ce que ça y coûterait pour se faire enterrer en premiére classe. Ah ! il voyait grand, le pauvre Jos ! En premiére classe ou rien entoute, qu'il a dit... Ç'a passé proche d'être rien entoute. Ça fait que l'entrepreneux l'a ben examiné pour ouère si il se moquait pas de lui, pis il a carculé : le coffre, bourré en dedans pis couvert en dehors, six pognées pis une croix en argent, les grousses pis les petites chandelles, les couronnes, les rideaux, le ruban sus la porte, le portrait agrandi du mort... Ç'a été toute une affaire, parce que le pauvre Jos, il s'avait jamais fait poser. Pis il avait pas de quoi se mettre sus le dos pour un portrait, parce qu'il avait pas encore acheté ses hardes de mort. Ça fait que l'un de ses cousins lui a prêté un capot noir pis une chemise blanche, et le pauvre Jos s'en a été avec ça sus le photographe. Ils l'avont posé par trois fois. Par rapport que Jos il voulait pas que ça seye dit qu'il se ferait poser en overhalls. Ça fait qu'il avait mis sa chemise blanche pis son capot noir par-dessus ses caneçons et leur avait dit de pas poser pus bas. Ben c'était malaisé et apparence que chaque portrait montrait un petit boute de caneçons en bas du capot. Ben ils avont coupé le portrait juste icitte et le pauvre Jos ressemblait un vrai mort. Je crois ben, ils l'aviont coupé en deux.

...Ouais... un vrai mort. Mais ce qui intchetait Jos, c'est que ça passait déjà mille piastres et il était pas encore enterré. Pis il avait pas sa tombe. Parce qu'avec une belle mort de même, il y fallait sa pierre au-dessus de son trou au cimetchére, au Jos. Une vraie pierre en pierre, avec ton nom creusé dedans, pis ton RIP, pis ta date de mort. Et ils avont même demandé à Jos de quelle façon de mort qu'i' comptait mouri', par rapport que d'accoutume ils avont ça d'écrit itou sus ta tombe. Pis i' jouquont au-dessus de la pierre une maniére de façon de catin en forme d'ange qui veille sus ton repos éternel. Tout ça, c'est ben beau, ben ça se paye. Par rapport que par icitte, j'avons encore jamais vu un houme qui l'a eu pour rien, son repos éternel. Ah! une belle mort, ça coûte cher.

Pis itou, y a ce qu'il appelont les funérailles. Ça c'est la sarémonie d'enterrement : c'est une maniére de parade qui coumence chus vous avec les ouasins, la parenté, le prêtre, les enfants de chœur, les porteurs, pis le mort. Tout le monde marche deux par deux en suivant le coffre, en se tenant le nez, pis en reniflant... Pis faut pas que durant les funérailles, une parsoune se mettit asteur à chiquer, ou ben à rire, ou ben à regarder autour pour ouère qui c'est qui suit. Faut que tu te tenis ben raide, avec la tête un petit brin penchée d'un bord, et en marchant pas vite. Pis tu regardes les yeux fixes. Pis lors des funérailles, tu te mets des hardes nouères, si t'en as, pis un ruban sus le bras, pis t'aouinds un mouchoué propre. Et tu suis la parade, pas vite. Jusqu'à l'église, pis au cimetchére, les yeux baissés. Pis le prêtre enterre le mort en latin, en l'arousant d'eau bénite. Pis toi, ben tu te tchens tranquille par respect pour la parenté. Parce qu'une parsoune a beau dire, un mort, ç'a été un houme avant d'être un mort, et ça laisse tout le temps tchequ'un derriére pour le regretter, pas de diffarence coument chenapan que ç'a été de son vivant. C'est ben rare qu'un mort laisse point derriére une mére, un frére, un enfant ou une femme qui se souviendra du temps qu'il était jeune et vigoureux, et qu'i' suivait les enterrements lui itou, avec les autres. Et c'te souvenance-là, ça te tord l'estoumac et pis ça te fait venir l'eau aux yeux...

...Ben ça dure pas, par rapport que sitôt le latin fini, le creuseux de fosse s'amène avec sa pelle, et là le prêtre fait signe au monde de s'en aller. Pis chacun se remet à fumer, pis à subler, pis à courir, pis à hucher après son ouasin. Les funérailles sont finies et tu peux recoumencer à vivre.

Ben tu peux vivre le temps qui t'est alloué. Par rapport que tu sais ben qu'un jour ça sera ton tour. Seurement toi, tu sais que t'aras pas une belle sarémo- nie de même, qu'i' t'enterront sans enterrement pis sans funérailles. ...Oui, le pauvre Jos, i' pensait à tout ça, et il avait rien, le pauvre houme. Ça fait qu'il s'en a revenu de la ville avec son portrait, il s'a assis et s'a mis à jongler. Il a carculé toute la nuit. Pis le lende- main, il a été aux huîtres coume d'accoutume. Ben le souère, il est pas rentré avec les autres. Il s'avait mis à faire double temps, le Jos. Il pêchait jour et nuit. Chacun y disait : « Jos, tu vas te bailler ta mort. » Ben ça, plutôt que de le slaquer, ça le fouettait. Plusse qu'il voyait sa mort approcher et plusse qu'il pêchait, le pauvre Jos. Les autres avont compris qu'à lui tout seul, il allait racler toute la baie. Et ils s'avont mis après lui. Le pauvre Jos a été obligé de s'éloigner dans le fond de l'anse, pis en haut de la riviére. Là les huîtres sont plus rares et fallit qu'il travaillit deux fois pus fort... Ben, le pauvre Jos, il l'avont trouvé la tête en bas de sa dôré, un beau matin, les mains entortillées sus son râteau.

...C'est là que les autres pêcheux s'avont mis à aouère regret de tout ce qu'ils aviont fait et qu'ils aviont dit au défunt Jos. C'était tout coume si ils l'aviont tué. Pis là, chacun s'est souvenu de la promesse que j'y avions fait, à Jos, de point laisser les vers pis les rats l'aouère avant la fin de la sarémonie. J'y avions fait sarment sus les saintes huiles de saint Joseph, un soir de la Toussaint, que je l'enterrions dans un beau coffre qu'avait jamais sarvi et qu'arait des pognées et de la doublure, et qui serait à l'épreuve de l'eau. Eh ben, j'avions pus rien qu'à tchendre parole. Mais ç'a point été aisé.

...Ç'a point été aisé parce que le défunt Jos, il avait des fréres et sœurs. Et quand c'est que chacun a appris la mort de Jos et qu'il avait coumencé à se ramasser de quoi pour se faire enterrer, ça s'a mis à s'en venir des États, pis de l'Ontario, pis jusqu'à de la côte nord de Caraquet pis de Tracadie, ben oui, y en a qu'étiont rendus jusque-là ! Ah ! de la parenté, jamais un houme en avait tant eu : des fréres, des sœurs, des cousins, des filleux, ça remplissait un truck. Ben ils s'avont pas rendus jusqu'à l'église, asseurement. Ils avont fouillé sa cabane, sa cave, sa dôré, pis ils avont tout emporté. Ouais ! Tout raflé, jusqu'à son capot nouère pis sa chemise blanche. Il restait en caneçons pis en overhalls, le pauvre Jos, pour se faire enterrer.

C'est là qu'Élie a eu l'idée. Ils aviont toujou' ben pas emporté sa cabane, ni sa dôré. Et ça y appartchenait, à Jos, ça pouvait ben le suire jusqu'à sa darniére heure. C'était une cabane en bois mou, mais elle était pas piquée de vers, c'était ça le plus important. Ça fait que les houmes s'avont tout attelés sus la cabane et ils l'avont jetée à bas. Pis là, ils avont choisi les meilleures planches et ils avont tout recouvri sa dôré à neu', qu'à ressemblait un vrai coffre ersoudu d'un gornier de magasin. Pis les femmes s'avont amenées avec des laizes de rideaux et elles vous avont doublé la dôré tout en picoté rouge et blanc que ça sentait quasiment pus le poisson pantoute là-dedans. J'y avons fait un couvert avec la table de la cuisine et j'avons accroché de chaque bord les pognées du poêle. Y avait rien qu'une chouse, c'est que j'étions point sûrs que ça prendrait point l'eau, cette affaire-là, par rapport que je savions toutes que le pauvre Jos passait la motché de ses nuits à béler sa dôré. Il restait rien qu'un moyen, c'était de la couvrir en dehors de papier de brique. C'est Jonas qu'a consenti à décoller le papier de sus sa propre maison du côté du sû. Sa femme a crié toute la nuit, mais Jonas a pas démordu. Et v'là que le pauvre Jos avait un beau coffre doublé en rideaux et couvert en brique, avec des pognées de poêle tout autour, et son portrait de mort en capot noir au pied du coffre. C'était ce que les genses de notre boute avont encore vu de plusse beau en fait de cercueil.

Mais c'est pas toute : il fallait l'habiller, le pauvre Jos. Il voulait surtout pas se faire enterrer en overhalls. Ouayez-vous ça des overhalls dans un beau coffre en brique ? Ben chacun a douné queque chouse. Et quand c'est que j'avons tout ragorné, j'avons pu habiller Jos. Ah ! pour ça, j'étions sûrs qu'il souffrirait pas du frette de l'autre bôrd. Vous avez encore jamais vu un houme tant habillé : trois paires de bas, quatre paires de mitaines, cinq chemises, deux capots, quatre neckties, deux paires de culottes, un casque, pis trois gumrubbers. Tout ça au fond des rideaux, dans la dôré.

Ouais... je l'avons conduit en procession jusqu'à l'église, et j'avons payé pour faire souner le glas. Même qu'il a souné une partie de la matinée parce que j'avons douné plusse qu'il fallait. Et pis j'y avons creusé un trou en terre sainte à l'ombre de la croix, juste à côté du lot des sœurs, un trou creux assez que les rats y dévaleront pas. Tant qu'aux vers, ben Élie m'a dit qu'il avait paouaisé le coffre de poison pour qu'ils osiont pas approcher.

...Coume ça, le pauvre Jos, il est ben protégé : il gèlera pas, ils le mangeront pas, il ersoudra pas de son coffre, non plus, parce que je l'avons veillé cinq nuits pour être sûrs qu'il était ben mort et qu'il avait point l'étention de revenir coume son défunt pére. Non, le pauvre Jos, il a point eu l'étention de revenir. Quand on a eu un enterrement coume le sien, on en profite et on reste mort. Parce que c'est pas tout le monde de par icitte qui peut aouère son enterrement de premiére classe avec un coffre doublé où c'est que tu peux te coucher les côtes sus le long et saouère que parsoune viendra te déranger de toute l'étarnité. Sacré Jos !

Le Bon Djeu est bon

C'est sûr que le Bon Djeu est infinitivement bon et infinitivement aimable et que le péché y déplaît... et c'est sûr et sartain que je sons des pauvres pécheurs qu'ons un extrême regret de vous aouère offensé... Ben, je pouvons-t'i avec ça mouri' en paix? C'est-i assez ça pour assurer l'étarnelle étarnité d'un houme? Ils disont qu'avec ton escapulaire, ta médalle et pis ton extrême-onction, t'as pas à t'intcheter de rien et que tu l'aras, ta place en paradis. Ah! c'est pas garanti que tu seras assis sus les genoux à saint Joseph ou ben aux pieds de l'Enfant-Jésus-de-Prague. T'aras peut-être pas la premiére place, ben t'en aras une et c'est tout ce qui compte. Parce que, ouas-tu, si c'est vrai qu'une fois au ciel, t'as tout ce que tu peux voulouère, ben la premiére ou la darniére place... ça fait pus grand' diffarence, il me r'semble.

C'est coume l'enfer. Si t'es pour y aller, ben je me figure qu'un petit brin plusse ou un petit brin moins de braise dans les ous... Si tu brûles: il me r'semble que tu peux pas brûler plusse. C'est pour ça qu'une fois que t'es parti pour y aller... ben je ouas pas que tu te retchendrais. Pis surtout que ça dure étarnellement. Ben une étarnité qui dure tout le temps, pis qu'arrête pas, ça peut pas durer plusse ou moins : ça dure. Ça fait que là itou, je ouas pas qu'il y ait grand' diffarence entre la premiére pis la darniére place. Brûler à grous feu ou ben à p'tit feu...

...Ah ! je sais ben que le Bon Djeu est infinitivement bon et infinitivement aimable et qu'il est juste. Faut ben, il serait pas un Bon Djeu sans ça. Pis je sais ben itou que je devrais point m'intcheter et pas même me questiouner... Parce qu'ils nous avont dit déjà que trop se questiouner sus les questions arligieuses, ça fait pardre la foi. Et une fois pardue, apparence que même saint Antoine peut quasiment pus t'aïder à la retrouver. Faut donc s'y empogner des deux mains et faut pas larguer. Tchens ben ton souffle, que je dis à Gapi, et largue pas. Aussitôt mort, là tu pourras respirer à ton aise : t'aras pus besoin de crouère sans ouère, tu comprendras tout seul. Ben tant que je sons encore en vie, il faut crouère tout ce que le catéchîme et que les prêtres nous enseignont, les yeux farmés, et avec ta foi ben embourrée au creux de ta main, coume si c'était la clef du paradis.

Il faudra espèrer d'être rendu de l'autre bôrd pour comprendre. Ben là, par exemple, j'allons-t'i' ben comprendre ! Ah ! oui, là, j'allons leu demander de toute nous dire : quoi c'est qu'est parmis, quoi c'est qu'est défendu ; où c'est que c'est parmis et défendu ; et pourquoi c'est que les mêmes chouses sont pas défendues à tout le monde ; et quoi c'est qui fait décider au prêtre de défendre un' affaire putôt qu'un' autre ; et pourquoi c'est que les prêtres se compornont pas sus les chouses qui sont péchés ou qui le sont point.

Pornez de mon temps, la danse était défendue dans la parouesse ; ben pas dans la parouesse d'à côté

112

parce que là c'était des Irlandais et ils aviont pas le même évêque que nous autres. Ça fait que les Irlandais pis les sauvages pouviont danser et nous autres, je pouvions point. Ben v'là qu'une boune fois, le garçon à Jude a sorti son truck et il a annoncé que ceuses-là qui vouliont lui bailler cinquante cennes, ils les déchargerait à la porte de la salle de danse à Big Cove et les ramenerait le même souère. J'avons tout embarqué et j'avons viré des quadrilles toute la veillée. Y avait le Petit Maxime avec son vialon, et Gérard à Jos avec sa bombarde, et Pierre Fou qui tapait du pied. Rendu à la fin de la veillée, y avait pus un Irlandais ni un sauvage dans la quadrille, j'avons pris toute la place. Ah! ç'avait été une ben belle danse ! Et tout ça sans faire un seul péché véniel, asseurement. Tandis que chaque fois que je dansais avec Gapi chus nous, je pouvais pas aller communier le lendemain matin. Ça fait que les genses de notre boute trouviont les Irlandais pis les sauvages ben chanceux de parler anglais et de pas aouère le même évêque que nous autres. Pourtant c'était un ben boun évêque, j'avons rien à redire... Ben, c'était un saint, et il aimait point la danse, lui.

Y a ben des affaires qu'il aimait pas, notre évêque. Il aimait pas la biére, ça c'est sûr, par rapport qu'y avait trop de monde qui se saouliont dans les parouesses autour, et par rapport qu'a' y restait sus l'estoumac. I' contiont qu'i' vomissait tous les matins après la messe parce que le vin y baillait mal au cœur. Ben c'était un saint et ça l'a point empêché de dire la messe pareil chaque matin que le Bon Djeu amenit. Par chance qu'il avait point l'estoumac aussi feluet, lui, le Bon Djeu, parce qu'il arait jamais eu l'idée d'inventer la communion...

I' contiont itou que lors des tornées de conformation, il était obligé, l'évêque, de prendre une petite affaire de soda après les repas, par rapport à la volaille qu'était trop grasse. Ben oui, vous compornez que c'est pas tous les jours qu'une femme reçoit un évêque ; et une sarvante a beau travailler dans un probytère, et être accoutumée aux grandeurs, quand c'est qu'a' baille à manger à un évêque, ben a' fait de son mieux et a' tue sa poule la pus grasse. Apparence qu'une seule tornée de conformation pouvait l'engraisser de vingt livres, notre évêque. Ben ça l'a pas empêché de conformer tous les enfants du comté, ça. Par rapport que c'était un saint. Pis il aimait point les femmes, l'évêque. Non, pour ça, aucune mauvaise langue a jamais pu l'accuser de mauvaise vie, c'ti-là. Il l'a dit ben des fois du haut de la chaire, que les femmes étiont des occasions de péché et qu'i' fallit s'en méfier. Tous les prêtres l'avont dit. Y en a même l'un d'entre z-eux qui se méfiait de sa mére, qu'i' contiont. Ben sa mére, elle avait eu dix-sept enfants à part de lui, i' devait point y rester grand vigueur. Ah ! une femme est tout le temps une femme, qu'i' disait, l'évêque. Et c'est yelle qu'a coumis la premiére faute au paradis terrestre. Son houme arait point mangé de la poume si sa femme y avait point baillée. Parce que l'houme, il est faible, ouayez-vous, et il a pas pu résister. C'est pas de sa faute à lui ; fallit point que sa femme s'en venit le tenter coume ça et le faire bosculer dans le péché. C'est pour ça qu'asteur elle est punie et doit obéir à son houme qu'est le maître pis le pus fort. Y a rien que quand c'est qu'i' se fait tenter par sa femme qu'il est faible l'houme, à part de ça, c'est tout le temps lui le pus fort.

...Ben oui, les femmes avont rien à redire, parce que c'est leu faute si tout a mal coumencé. Si la première femme avait pu se tchendre tranquille itou et point aouindre c'te damnée poume de c'te âbre-là. Pardre le paradis pour une poume!... Ben moi j'ai à dire que si la femme a poussé son houme à mal faire, ben i' doit y aouère tchequ'un qui l'a poussée, yelle itou, et que ça peut pas être toute sa faute à yelle. Par rapport qu'y a point une femme que je counais qui larguerait son paradis pour une poume, asteur, pas de diffarence coument juteuse qu'elle est. Et je ouas pas pourquoi c'est que la première femme arait été pus folle que les autres. Des fois je me dis qu'y a tchequ'un qui l'a poussée ; ou ben que c'était un piége ; ou ben que fallit que ça arrivit pour nous faire toute gagner notre ciel à la sueur de notre front. Et dans c'te cas-là, je ouas pas pourquoi c'est qu'i' fallit faire porter le blâme à l'un putôt qu'à un autre. Parce qu'i' nous avont dit : pas de diffarence qui c'est qu'arait été à la place d'Adam et Ève, il arait fait coume z-eux. Fallit que ça arrivit. Ben des fois je me demande pourquoi c'est faire qu'i' nous l'avont baillé, le paradis, si c'était tout décidé d'avance que j'allions le pardre. Oui, pourquoi c'est faire qu'i' nous avont tentés entoute avec leu paradis ? Je l'avions point demandé. Ah ! ben, j'étions destinés à être des pécheurs, ouayez-vous ; pour ça fallit des occasions de péché. Et c'est Ève qu'a tout coumencé. Et asteur les femmes, ben... C'est l'évêque en parsoune qui l'a dit. Et c'est un saint, lui, i' doit counaître ça.

Asteur y avait la viande que j'avions pas droit de manger le vendordi. Ben pour ça, les Irlandais non plus. Le poisson le vendordi, c'était pour tout le monde... Pour tout le monde qui pouvait se le payer. Nous autres, c'était pas trop malaisé : sus les côtes, y a plusse de poisson que de viande. Ben j'avions de la parenté, que mon défunt pére contait, qui restiont dans les terres, dans le boute d'Acadieville. Apparence que là c'était point aisé de se trouver du poisson à tous les vendordis. C'était des farmiers, et ils pouviont se saler un cochon pour l'hiver. Ben y avait pas de hareng ni de morue dans ce boute-là. Ça fait qu'ils mangiont du pain pis de la mélasse pour pas mouri' avec du lard salé sus la conscience. Ben Gapi, lui, il dit que le poisson du vendordi, c'est une boune affaire : ça fait vendre aux pauvres pêcheux leux huîtres, leu soumon pis leu houmard parmi les maisons de genses à l'aise qui vouliont pas casser leu carême ni leur abstinence.

La chouse que je comprends le moins, c'est que d'un côté le Bon Djeu a dit qu'il était malaisé pour un riche d'entrer au ciel ; et de l'autre côté, il me r'semble à moi que c'est malaisé pour un riche de pas y aller. Un houme à l'aise peut respecter tous les coumandements de Djeu et de l'Église sans que ça y coûtit ben gros de trouble : i' peut payer sa dîme, faire soigner son pére pis sa mére sus leux vieux jours, s'acheter du poisson frais tous les vendordis, se rendre à la messe du dimanche et aouère son banc pour s'assir dedans, pis faire sa vie dans l'houneur et le respect sans aouère besoin de voler ou de battre son ouasin pour attraper les deux boutes. Un houme à l'aise peut se faire instruire itou, et un houme instruit jure pas, blasphème pas, et sait qu'i' faut pas prendre le nom de Djeu en vain. Il est accoutumé à travailler itou, parce qu'il manque jamais d'ouvrage, ça fait que c'est pas un paresseux. Ben pornez un houme qui jure pas, qui vole pas, qui manque jamais la messe, qui prend soin de son vieux pére sus ses vieux jours, et qu'est pas paresseux... et asseyez de me faire comprendre coument c'est qu'i' fait, cet houme-là, pour point aller au ciel en mourant. Il lui reste pus un seul sacré péché à la portée de la main. Y a du monde qu'est pas libre, ma grand foi Djeu, de passer à côté du paradis : ils y sont destinés depuis qu'ils sont au monde.

Vous trouvez pas que c'est une tchurieuse de chouse, la destinée ? Quoi c'est que c'est au juste, à votre dire ? Y en a qui contont qu'une parsoune vient au monde avec son ciel ou son enfer dans les veines. Si c'était vrai, je serions drôlement amanchés. J'arions beau nous désâmer toute notre vie... C'est ben vrai que je parvenons pas souvent à respecter tous les coumandements d'un coup. Si j'en gardons un, c'est que j'en avons estropié un autre : c'est malaisé de prendre soin de ses vieux sans aller fortiller dans les affaires d'autrui ; ou ben de pas travailler le dimanche et de payer ses droits et dîmes pareillement. Ma foi du Bon Djeu, un houme d'en bas qui tchent fidèlement ses coumandements, c'est quasiment un clopeux qui ferait des somersets sus un fil aléctrique.

Ben le plus malaisé, c'est de faire la charité : douner à manger à ceuses-là qu'avont faim, et des hardes à ceuses-là qu'en avont pas, et aller en prison réconforter ceuses qui y sont. Quand un houme a passé la semaine en prison, il a point envie d'y retorner en visite le dimanche. Il a point envie de bailler ses hardes et ses croûtes de pain à quequ'un qu'en a pas plusse besoin que lui. C'est malaisé pour un pauvre de faire la charité ou de douner à l'Église. Ça fait qu'il peut jamais être sûr de son salut coume c'ti-là qu'a les moyens de se le payer comptant.

Gapi, lui, il dit que si leu paradis est rien que fait pour les riches, ben qu'il aime aussi ben point y aller pantoute. Il dit qu'un' étarnité qui s'achète, ça ressemble trop à ce monde icitte et qu'il en a eu assez d'un de c'te sorte-là. Il est pas aisé, Gapi, et quand c'est qu'il s'enrage, il pourrait aussi ben mettre le feu au paradis avec les propres flambes de l'enfer. Mais ça sert à rien de se mettre en dève, que j'y dis, ou ben d'asseyer de cotchiner, ou même de se bouder dans un coin et de faire sarment qu'on ira pas pantoute à autchun endroit. Une fois que t'es mort, c'est pas fini, et faut encore que tu te placis les pieds queque part. J'y ai dit, à Gapi : tu peux pas rester droite là planté coume un pitchet de bouchure à la barriére de la vie et de la mort, ou même à la barriére du ciel et de l'enfer. Ça sera l'un ou l'autre et tu pourras pas choisi'. Ça sera déjà choisi parce que c'est asteur que tu décides.

Ah ! je sais ben que tu décides pas tout seul, ben t'as de quoi à dire là-dedans itou... T'as pas beaucoup de quoi à dire, ben t'as de quoi à dire un petit brin... Tu peux toujou' ben asseyer... tu peux asseyer de dire de quoi... Ou ben tu peux asseyer de rien faire de défendu. Parce que j'ai déjà entendu les prêtres conter que le mal que tu fais, c'est toi qui le fais tout seul, parsoune t'aïde, et c'est pour ça que tes péchés t'appartchennent. Tandis que tes bounes œuvres, c'est le Bon Djeu qui te les fait faire et ça y appartchent à lui. Coume ça, ça veut dire que la seule chouse que tu peux faire par toi-même, c'est ta damnâtion ; et que si tu veux faire ton salut, faut que le Bon Djeu s'en mêle. Et ils avont dit itou que le Bon Djeu qu'est infinitivement parfait est libre de s'en mêler ou de pas s'en mêler si i' veut. C'est pour ça qu'à fin de compte, je sons pas trop sûrs de ce que j'avons à faire au juste dans ça, et je savons pas trop coument nous y prendre pour aouère le Bon Djeu de notre bôrd. Surtout que nous autres, j'avons pas les moyens de faire tout ce qu'est recoumandé dans les coumandements, les vartus théologiques, et pis les œuvres de miséricorde spirituelles et corporelles. C'est ben juste quand j'arrivons à faire manger tout le monde que j'avons dans la maison, pis à leu réchauffer les pieds dans nos mains le souère pour qu'ils s'endormiont avant le jour. C'est ben juste que j'avons le temps de nous jeter sus nos genoux au bord du lit pis d'asseyer de nous souvenir de nos priéres...

...Eh ben, quand c'est que je me souviens pas de ce qui vient après : « Priez pour nous pauvres pécheurs et dounez-nous aujourd'hui notre pain quotidien... » je dis ce qui me passe par la tête dans des mots que le Bon Djeu peut comprendre. Ben le pus souvent je dis rien entoute par rapport à mes genoux de laveuse qui pouvont pas endurer de rester agenouillés ben longtemps. Je finis d'accoutume par dire au Bon Djeu de pas trop se fier à moi ben de me douner la grâce de me fier à lui, ainsi-soit-il. C'est pas une priére qui se trouve dans les livres saints et j'entreprendrais pas de la dire à l'église ; ben chus nous, à genoux à côté du poêle, je me figure qu'entre nous deux, le Bon Djeu est peut-être moins infinitivement fussy.

Les cartes

Faut brasser, couper, faire son souhaite. C'est ça. Coupez deux fois. Le souhaite que vous voulez, ça, ça vous regarde. Vous l'avez là, votre souhaite?... C'est ben. Asteur j'allons ouère quoi c'est que la vie vous a douné et quoi c'est qu'a' vous résarve.

...Ouais... Hé ben!

Vous êtes peut-être ben mieux de louter votre capot, vous pourriez aouère chaud. Mettez-vous à vos aises. Et pis grouillez pas et intchetez-vous de rien. Les cartes allont vous dire la varité, c'est sûr; la seule chouse, c'est que la varité a plusieurs faces, coume mon pére disait. Des fois, c'est même malaisé à saouère quoi c'est que la varité veut dire. Moi, je peux point vous en dire plusse que la varité... Accrochez ouère votre capot icitte, sus le clou, et mettez-vous à vos aises... Pornez le petit peddleux, lui, il s'intchète pour ses cartes. Chaque fois qu'il passe par icitte, il se les fait tirer. Et à chaque fois sa varité lui dit que la chance le suit. Ça l'a pas empêché de pardre sa job, sa femme, pis son truck. Quand c'est qu'i' se plaint, j'y dis: Pour le truck, c'est doumage; ben une job pis une femme qui te forçiont à bûcher coume ça, t'es peut-être chanceux de les aouère pardues en chemin. Ben lui, il a pour son dire que si la chance le suit a' doit le suire de ben loin.

Eh ben vous, c'est un valet de carreau qui vous suit. Un valet de carreau qu'est suivi de proche par un treufle qu'a les yeux bleus, la face blanche pis les cheveux nouères. Un treufle pis un carreau. Vous faudra faire un choix. Le plus malaisé c'est le jour où c'est que t'es rendu à une fourche de vie et qu'il te faut faire ton choix. Si tu pouvais saouère... mais tu peux jamais saouère. Une parsoune sait jamais d'avance quoi c'est qui l'espère au boute. À tout de reste, a' veut choisir son bounheur de vie, à tout de reste. Ben ça peut arriver coume pas qu'a' passe droite à côté.

Ben je crois ben que c'est moins pire, ça, que de pas aouère de choix pantoute. Quand c'est que ta vie est toute décidée d'avance, et pis que t'es obligé de la suire en l'empognant par sa cotte de robe, ça c'est malaisé. Moi j'ai à dire qu'une parsoune qu'a pas de choix, c'est quasiment coume si elle avait point de libarté pantoute. Il me r'semble qu'une parsoune est encore mieux devant son mauvais choix que devant sa libarté obligée. Coume disait ma mère: Tu viens au monde parce que tu peux pas faire autrement, t'es élevée dans toutes les obligâtions, tu te maries obligée, t'es obligée de vivre le restant de ta vie, et pis tu sais d'avance que t'accompliras ta darniére obligâtion avec ton darnier souffle... Eh ben, c'est ce qui s'appelle aouère ta libarté obligée, à mon dire.

Pornez la terre, par exemple. Tu viens au monde dessus, ben a' t'appartchent pas. T'as beau te dire que t'es chus vous icitte, que la terre est ton bien coume aux autres, et pis que tu vas marcher dessus, droite devant toi... tu t'aras bintôt cogné le front sus une barriére ou ben sus un peteau où c'est qu'est écrit: No

Trespassing ! Et tu vires de bord. Par rapport que tu t'aparçois que la terre non plus est point à toi. Moi je comprends que la maison à Tim est point à moi, par rapport que c'est Tim qui l'a bâtie lui-même ; pis la dôré à Élie appartchent à Élie, c'est juste ; pis le truck à Jude est à Jude, il l'a payé. Ben la terre, qui c'est qui l'a payée, et qui c'est qui l'a fait ? À qui c'est qu'elle a appartchent en premier ? C'est-i' point au Bon Djeu ? Ben pourquoi c'est ouère asteur qu'elle a venu à appartchendre à l'un putôt qu'à un autre ? Qui c'est qui l'a héritée, de pére en fi' ? Le Bon Djeu en parsoune l'arait-i' lui-même baillée à tchequ'un sus son lit de mort ?... Ah ! ben là me v'là à blasphêmer. Si Gapi parlait de même, je le ferais taire. J'y dirais que le Bon Djeu est juste et pis que c'est point lui qu'a douné la terre à parsoune, ben c'est tchequ'un qui l'a pris, sans y demander. Et c'ti-là l'a laissée à ses descendants qui se l'avont partagée, lotte par lotte. Ça fait qu'asteur une parsoune est pas libre d'aller leu louter.

C'te sapré valet de carreau vous suit encore. Pornez-y garde. Mieux vaut en aouère trop que pas assez. Ben jetez quand même vos yeux du côté du treufle. Il vous espère à tous vos coins de vie, pis il est de fiance, c'ti-là. Je m'y fierais, moi. Votre joie, votre aspérance et votre bounheur de vie sont dans le treufle. Pornez-en soin. Ton bounheur de vie, ça vient sans que tu le demandis, souvent, et sans que tu l'espèris. Ben faut en prendre soin, parce qu'il peut s'en retorner d'où qu'il est venu, sans t'avarti'. C'est tchurieux la vie, pareil ! Tout un chacun charche son bounheur, ça y a pas à se tromper. Ben coument ça se fait ben que d'autchuns le trouvont et d'autchuns le trouvont point ? Y a des houmes qu'avont jamais souffri du cœur ou des pommons, et y a des femmes qu'avont jamais eu un seul incuretage ; et y en a qu'avont jamais eu frette aux pieds, non plus, ni jamais entendu crier leux tripes ni horler leux enfants. J'en connais qui savont même pas coument creux qu'est un trou au cimetchére. Ils avont tout eu à souhait, ceuses-là.

...Tout eu, c'est une maniére de dire. Parce qu'apparence qu'i' sont pas encore contents. C'est malaisé de rendre tout le monde content : ceuses-là qu'avont rien, voulont de quoi ; et ceuses-là qu'en avont, en voulont plusse. C'est malaisé. Ben moi j'ai pour mon dire que si fait qu'une parsoune peut pas toute aouère, elle est aussi ben de pas en aouère trop. Ça fait coume ça, a' peut encore rêver à de quoi. Par rapport que le pus gros malheur qui peut fesser une parsoune, ça me r'semble, c'est de bouère quand c'est qu'elle a point soif, pis de manger quand c'est qu'elle a point faim, ou ben de dormir quand c'est qu'elle en a point envie. Ça c'est le pus grand malheur : de pus jamais aouère envie de rien, par rapport que t'as déjà tout eu ce qu'une parsoune pouvit aouère. Ça, c'est le plus grous malheur, et une parsoune, à mon dire, est encore mieux de rester sus sa soif, pour pouère rêver à son aise à son bounheur de vie.

Eh ben vous, vous l'avez votre bounheur de vie. Il passe justement asteur, pas loin. Ben je parviens pas à ouère au juste de quel butin qu'il est fait. Ça sera entre le carreau pis le treufle, ben c'est putôt tchurieux... Ouais... vous avez votre souhaite, vous pouvez faire votre signe de croix. Vous l'avez justement coume vous l'avez souhaité, mêmement et pareillement. Y a rien qu'une chouse que j'arrive point à comprendre : vous avez votre souhaite, ben vous savez pas que vous l'avez. Ça c'est tchurieux. Parce que d'accoutume, une parsoune qui counaît son souhaite, s'aparçoit quand

124

c'est qu'il arrive. Pas vous... Eh ben sacordjé ! à moins que vous ayez souhaité le paradis à la fin de vos jours, j'ai beau aouère tiré aux cartes toute ma vie, je comprends rien à c'te souhaite-là. Je crois ben que vous avez dû souhaiter queque chouse de rare et qu'on trouve pas par icitte. Oh ! ben ça... ça vous regarde, et je m'en vas pas vous demander de déclairer votre souhaite.

...D'accoutume je peux me faire une maniére d'idée du souhaite de tout un chacun. J'ai encore jamais vu Élie souhaiter d'aouère de l'ouvrage ; ni Zélica à Tilmon, qu'a été veuve cinq fois, se souhaiter une vocâtion. Les jeunes, z-eux, faisont des souhaites à tout casser. Ils souhaiteriont d'être Jean Belliveau ou Notre Saint Pére le Pape si ils aviont pas peur de se faire moquer de z-eux. Ça sait pas se contenter d'un petit bounheur, à c'te-âge-là, un petit bounheur qui durerait un sartain temps. Ben non, il leur faut tout aouère tout de suite : de l'argent, des belles hardes, des vieux pays, des bicycles à pets, des Chrysler avec le top rouvert, quatre portes, les roues blanches, les lumiéres jaunes, une tcheue de renard, pis un derriére qui râcle le pavé. Ça voit grand, une jeunesse. Ben quand c'est qu'une parsoune a coumencé par les petits à effilocher sa vie, a' comprend mieux qu'on peut pas tout aouère. À moins qu'a' seyit point une parsoune de par icitte. Ah ! si tu t'en vas aux États ou dans l'Ontario, c'est une autre affaire. Ben par icitte, une parsoune qu'est en ménage depuis un sartain temps, et pis qu'a déjà coumencé à élever sa famille, et pis qu'a déjà traîné des ânnées sus ses stamps, c'te parsoune-là a des souhaites putôt éflintchés. A' souhaitera de gâgner une fois au bingo, ou ben de ouère ses enfants faire leux grades, ou ben de trouver sus les comptoirs des magasins des coupons d'indjenne ou de flanellette pour se faire des hardes neuves. Pis quand c'est que tu vieillzis, tu souhaites pus rien que d'élonger tes vieux jours sans déranger parsoune, pis de mourir sans trépasser, à la fin de tes ans.

Moi... c'est-y drôle asteur... j'ai rien que souhaité une chouse durant toute ma sainte vie. Ouais... j'ai souhaité toute ma vie d'aouère une maison. Parce que je pouvons pas appeler c'te cabane-icitte une maison. Ça prend l'eau, le frette pis le vent... ça tremble l'hiver pis ça ressue l'été... et grand Djeu ! ça vous timbe quasiment sus la tête à tous les printemps. Gapi arrive pus à la terrasser l'automne ; a' penche trop du côté du sû. Je peux pas rentrer ma bâille à laver en dedans par rapport que j'ai pas d'endroit dans la place pour la mettre deboute ; et c'est encore malaisé de la coucher sus un lit. Ça fait que je fais mes lavages dehors, l'hiver coume l'été. Ah ! je vous dis qu'entre les Avents pis la Chandeleur, je nous changeons pas de chaussettes pis de caneçons souvent... Non, j'ai jamais demandé d'argent, moi. Rien qu'une maison. Ah ! pas un château ni un bungalow ; rien qu'une maison du coumum où c'est que je pourrais tout faire en dedans : le lavage, le repassage, le cuisinage, l'élevage des enfants itou, tout en dedans. C'est drôle, hein ? Parce que j'ai entendu dire qu'y a des femmes aujord'hui qui demandont rien qu'une chouse, c'est de quitter leu maison. Quand c'est qu'i' sont rendues qu'i' avont tout en dedans, là il leu prend le goût d'en sortir. C'est peut-être ça qui m'arait arrivé à moi itou, je pouvons-t-'i' saouère ? Je crois ben qu'une parsoune se tanne de toute. Même d'être ben. Ah ! oui... Ben c'est coume je dis à Gapi des fois : Ceuses-là qui sont tannées d'être ben deveriont venir laver ma bâillée de hardes devant la porte à cinq sous zéro ; et asseyer de rentrer ma lignée d'essue-mains pis de changes de dessous quand c'est qu'ils sont assez gelés que ça se met à ressembler à des revenants de Richibuctou ; et pis se nourrir de fayots pis de crêpes réchauffées ; et pis s'aouindre du lit à quatre heures du matin pour fourrer des éclats pis des hâriottes dans un poêle à bois... Je crois ben que chacun doit vivre sa vie et sa destinée, et pis mourir à son heure.

...J'avons un' heure pis une vie, et je devons passer par là. Ç'a tout l'air que je sons destinés. Je crois ben que c'est voulu. Je sais trop ben pas par qui, ben ç'a ben de l'air que je pouvons pas plusse choisi' notre vie que notre heure. Y en a qu'avont appelé ça notre livre de vie : ils contont que saint Pierre arait coume un grous livre où c'est que nos vies seriont tout écrits d'avance avec nos dates de naissance et nos anniversaires de mort. Je pouvons pas aller contre le destin, ni reculer notre heure d'un pouce, asseurement... C'est peut-être ben ça que les cartes ouayont.

Gapi dit que c'est point vrai, ça ; que parsoune a décidé d'avance ce qu'il allait faire après, lui. Ah ! je crois ben qu'avec Gapi, c'est point pareil : ils y feront point faire de quoi contre lui, Gapi, il a la tête trop dure. Et si il a décidé de point passer par un endroit, ils le gâgneront pas, je le counais. Ben faudra ben qu'i y passe à son heure, coume les autres... Ben, il arat-i' pas son heure, lui itou ? Ah ! Gapi... une parsoune peut pas saouère ce qu'ils feront de lui, rendu là. I' conte qu'il est libre, lui, et que parsoune viendra y toucher. Et i' croit point à ça, la destinée.

...Il m'a dit l'autre jour : Y a rien qu'est écrit, et un houme fait sa vie à mesure. Chus libre, à l'heure qu'il est, qu'il a dit, d'aller faire mes besoins à la côte, si je veux, droite asteur, et ça, c'est point écrit dans les livres, qu'il a dit. Ben... c'est peut-être point écrit dans les livres, ben, c'est pas si sûr que ça que, Gapi ou pas, il est libre de point faire ses besoins quand c'est qu'il en a envie. Ça fait que moi, je m'aventurerais pas trop à narguer la destinée.

...Ah! ben vous, vous êtes dans le treufle par-dessus la tête, ben vous pouvez pas quitter faire le carreau. Par rapport qu'y a un valet qui vous suit. Je crois qu'i' vient un temps où c'est qu'une parsoune doit se décider. Ça me r'semble que le temps est venu pour vous de décider queque chouse. C'est point moi qui le dis, c'est les cartes. C'est le carreau pis le treufle. Votre souhaite et votre bounheur de vie, vous les avez. Mais ça m'a tout l'air que vous serez obligée ces jours-citte de faire un choix. C'est peut-être asteur de quoi qui regarde une job? ou une ligne de vie? Vous savez, les cartes, par escousses, c'est pas pus clair que la savounure de mon siau. Quand c'est qu'un dix de cœur s'en vient se planter entre votre treufle et votre carreau, ça rend l'eau trouble, sacordjé oui! Ben int-chetez-vous pas: d'après ce que je peux lire, vous venez tout juste de fesser une mine. C'est coume si vous aviez trouvé un trésor, ma grand foi du Bon Djeu! C'est peut-être pas un trésor en argent... ça m'a l'air d'autre chouse... coume un... ah! c'est malaisé à ouère dans vos cartes, vous... Sainte Mére de Djeu le Pére!... si c'était pas que c'est quasiment blasphêmer... je dirais que votre souhaite pis votre bounheur de vie, ils sont pas loin d'icitte. Y a de quoi qui marche pas, sacordjé! Par rapport que votre souhaite arrive, et pis que c'est de quoi de bon, et pis, coume je disais, ça m'a l'air d'un vrai trésor... ben, il est par icitte... Je suis quasiment assis dessus, batêche! Jésus-Christ du Bon Djeu!

ça se pourrait-i' par adon que vous ayez souhaité de vous fourrer la tête dans mon siau ?

...Excusez-les. À force de tirer aux cartes, une parsoune finit par pus rien que ouère des valets, des dames pis des rois, et ça finit qu'elle oublie le respect qu'a' vous doit. Vous seriez mieux de brasser une autre fois.

...Faut brasser, couper, faire son souhaite. C'est ça. Coupez deux fois. Le souhaite que vous voulez, ça ça vous regarde. Vous l'avez, là, votre souhaite ?... C'est ben. Asteur j'allons ouère quoi c'est que la vie vous a douné et quoi c'est qu'a' vous résarve.

Un valet de carreau et pis du treufle... Sacordjé !

Le printemps

Ah! ben, Sainte Mére de Jésus-Christ! regardez-moi
ça à matin! Gapi! Viens ouère, Gapi! Y a pas moins de
dix régiments d'outardes dans le ciel à matin. Pis y a
pus une graine de neige sus les couvartures. Ah! ça fait
bon cœur de se remplir les pommons d'air fraîche de
bon matin. Je devons être pas loin du mois d'avri'
Gapi! Le mois de mâr' est-i' fini?... l'doit achever.
Pour sûr que ça doit être le printemps ces jours-citte. Si
i' m'aviont pas tout pris mes calenderiers, itou. J'avais
c'ti-là des Arvune, et c'ti-là de l'Aratouère, et c'ti-là de
la Gendarmerie Royale à Cheval du Canada. Ben y a
tout le temps queque enfant qui s'en vient me les
charcher pour le portrait... Le mois de mâr' est-i' fini,
Gapi? C'est ça qui l'intchète le moins, Gapi, le jour de
la semaine ou le mois de l'ânnée. Il a pour son dire que
je sons pas pus proche ou pus loin de la mort parce que
j'avons un calenderier; ou ben que je pouvons pas
plusse arrêter le temps parce que je pouvons y douner
un nom. Je pouvons peut-être ben pas l'arrêter, ben je
pouvons toujou' le regarder passer et saouère qu'y a
des temps qui sont meilleurs que d'autres.

J'ai pour mon dire, moi, que c'est le printemps
qu'est notre boune saison, à nous autres. Y en a qui

contont que c'est l'été. Ben moi j'ai dans mon idée que pour qu'une parsoune vive contente, il faut qu'a' seye dans l'espouère de queque chouse de mieux. Ça fait que durant tout le printemps, on espère l'été. On espère que veniont les coques, les palourdes, les beluets, les chaleurs, pis les pique-niques à Sainte-Anne et à Sainte-Mârie. Tandis qu'au mois d'août, on espère pus rien. C'est point d'aouère de quoi qui rend une parsoune bénaise, c'est de saouère qu'a' va l'aouère. C'est pour ça que c'est le printemps le meilleur temps, à mon dire.

Je me souviens quand c'est que je restais sus mon pére et que ma mére vivait. J'avions une petite terre à nous autres autour de la maison. Ah! pas une grand' farme, pis pas de terre à bois. Seurement la motché d'un champ de treufle que mon pére se décidait à labourer à tous les cinq ans. C'tes ânnées-là, ma mére se dépêchait à se planter trois-quatre seillons de jardinage avant que mon pére ayit le temps de s'en faire de l'aouène. Et pis là, a' nous envoyait esharber. Et tout le temps que j'esharbions, je nous figurions le mois de juillette avec ses navots pis ses cârottes et le mois d'août avec ses épis de blé d'Inde. Je pensions pas aux mouches ni aux maringouins, en ce temps-là, ni aux corbeaux ou à la grêle. Au printemps, on pense jamais aux corbeaux ni aux maringouins. Ben on regarde passer les outardes et on se remplit les pommons d'air fraîche. Pis on espère.

Gapi, lui, il dit que ça rend une parsoune jongleuse d'espérer coume ça. Il dit que je sons mieux de pas nous faire autchune idée de rien si je voulons pas être déconfortés. Il conte qu'une parsoune serait jamais chagrinée si a' s'avait jamais mis des accrouères dans la tête. C'est ben, que j'y dis, faut pas se faire des accrouères. Faut pas se faire des châteaux, que j'y dis.

Ben je pouvons toujou' espèrer le mois de juillette, parce que ça, je sons sûrs dessus... Je sons-ti point sûrs dessus? que j'y dis. Il dit que je sons jamais sûrs de rien et qu'il faut pas se faire des accrouères. Ça fait qu'il faut pas compter sus Gapi pour changer d'humeur parce que je changeons de saison. Il met pas plusse de fiance dans le printemps qu'il en met dans les prêtres, dans les huîtres, ou ben dans le gouvarnement. Il dit qu'il se fie à parsoune pour faire sa vie à sa place. Tant qu'à ça, il a pas pu se fier à lui, non plus, parce que sa vie, ben... C'est malaisé quand c'est que t'as ni métier, ni instruction, ni parsoune pour te sortir du trou. Gapi dit qu'il veut point d'aïde de parsoune; ben c'est parce qu'il sait ben que quand c'est même qu'il en voudrait, il en arait point... C'est malaisé.

C'est pourtant point un paresseux, Gapi. Quand c'est qu'il travaille, en tout cas, il est deboute. Et le jour qu'il est venu me qu'ri sus mon pére, avec sa hatchette sus l'épaule — y a passé cinquante ans de ça — il avait point les côtes sus le long, c'est moi qui vous le dis. Il était jeune et vigoureux. Et des épaules pus fortes qu'un caribou, ma grand' foi! Il était droite, en ce temps-là, avec des cheveux ben nouères et des yeux quasiment bleu-de-mer. Pis il avait ses dents, et du poil sus l'estoumac. C'était le printemps, coume aujord'hui. Les outardes rentriont du sû; et les goèlands étiont assez affolés qu'i' veniont se garrocher sus les mâts et se prendre dans les ouèles. Y avait déjà des borlicocos quasiment grous coume ça dans les âbres, et pis du jus qui dégouttait des branches. L'air et pis la terre sentiont assez à bon, c'te jornée-là, que je crois ben que si Gapi avait pué, je l'arais point senti, ma foi du Bon Djeu!

...Ben l'été a passé ; et pis l'autoune a venu avec sa terre pourrie, et pis l'hiver avec ses glaces sus la baie et ses vents dans les craques de la cabane. Là je pouvais pus faire de lavage sans que les hardes gèliont sus la ligne ; et Gapi s'a mis à puer, coume les autres. Ben quand c'est que le printemps s'a mis à sortir de son hivarnement, j'avons décidé d'en sortir, nous autres itou, et j'avons repris de la vigueur. Et l'air s'a mis encore à sentir le musc, et Gapi itou, ma foi du Bon Djeu !... Ou quasiment. Presquement autant que l'ânnée d'avant. Ben l'ânnée d'ensuite, le printemps a venu pus tard et j'avons dû endoyer un nouveau-né. Ça fait que c'te saison-là, il m'a r'semblé que l'été s'avait accroché à l'hiver et que j'avions point eu de mois d'avri'. Même les outardes passiont pus, et j'avons point trouvé de fleurs de mai. Ç'avait été, coume qui dirait, un printemps en accordéon entre les glaces pis les mouches à feu. Point d'outardes, c'te ânnée-là, et point de musc dans les bois, et Gapi sentait point à bon, non plus.

Ben ç'a passé, coume le reste. Les mauvais temps, ça finit tout le temps par passer. Ça passe coume du beurre ranci quand tu le mets entre deux tranches de pain. La meilleure chouse, c'est de farmer les yeux et d'espèrer que les temps veniont bons. Tu peux rester avec les yeux farmés une bonne escousse ; ben il vient à tous les temps en temps un printemps avec des outardes et des borlicocos. Et pis c'est coume je dis à Gapi : C'est après que t'as jeûné tout ton carême que tu trouves la baloné pis les œufs cuits dur bons au matin de Pâques.

...Ouayez-vous, le printemps, c'est peut-être ben un présent que le Bon Djeu fait au pauvre monde tout seul, par rapport qu'il faut quasiment aouère grelotté tout l'hiver pour tant souhaiter le soleil d'avri'; et pis il faut aouère été enterré sous la neige pour sortir avec sa hatchette se creuser des canals d'eau; et pis il faut aouère mangé des mois durant des fayots réchauffés pour s'en venir sentir l'air fraîche de dehors et jongler aux petites cârottes neuves qui dormont encore sous la terre. Le printemps, c'est fait pour ceuses-là qu'avont eu de la misère à travorser l'hiver. Ça fait que moi je dis que c'est la saison des vieux ou ben des pauvres.

J'ai pour mon dire qu'une parsoune a sa saison, coume elle a sa destinée ou ben son heure. Quand c'est que ton heure est venue, faut que tu te résignes; tu peux rechigner, ou ben te rebiffer, ou ben renâcler: tu y passeras pareil. Et pis tu dois vivre ta destinée; ça c'est de quoi d'écrit qui s'efface pas. Ben c'est coume ça avec les saisons et les mois de l'ânnée. C'est pus fort que toi. C'est par rapport à l'eau, pis le soleil, pis la senteur du bois qui te rentront sous la peau. C'est pas rien qu'un' affaire de se trouver de quoi à manger. J'asseye d'y dire à Gapi. Pourquoi c'est que les soumons remontont les riviéres à contre-courant? et pourquoi c'est que les outardes revenont vent devant au pays? Ça fait jongler, ça. C'est dire qu'y a de quoi, dans la terre qui t'a mis au monde, qui te r'semble ou ben qui te tchent amarré.

Oui, ça doit être pour ça que tu restes sus c'te terre-là, par rapport qu'a te ressemble. Une parsoune, c'est un petit brin coume un âbre ou un animau: a' finit par prendre la couleur de la terre qui l'a nourrie. Pornez les bêtes dans les bois qui sont blanches l'hiver, et pis grises l'été, c'est coume ça qu'i' parvenont à point se faire pogner: i' ressemblont trop à la vardure ou à la neige. Je crois ben que c'est pour ça que nous autres itou je finissons par ressembler à la terre.

J'avons la peau brune et un petit brin craquée ; et à mesure que je vieillizons, j'avons des seillons dans la face coume un jardinage ; et des ous tordus aux jointures coume des branches de boleaux ; et des pieds qui creusont dans la terre coume si i' vouliont prendre racine. Je ressemblons au pays, que je dis.

Au pays, pis à la mer. C'est yelle qui nous a le plusse nourris et sauvés de la pardition. Quand c'est que la terre vient à manquer, i' nous reste la mer, nous autres, avec ses palourdes pis ses épelans. Faut point rejimber contre la mer, que je dis aux autres, a' nous a sauvés tant et tant de fois. Même si y a les marées hautes d'autoune qui s'en venont te qu'ri' jusque dans la place de la cuisine chus vous ; et pis les glaces qu'emportont ta dôré au large au printemps ; et pis les tempêtes de l'autre bôrd de la dune qui vous neyont des pêcheux tous les ans. Même à ça, c'est yelle qui nous a faits, et qui nous r'semble le plusse.

...J'avons les yeux creux et bleus, à force de s'aouère mirés dedans. Pis à force d'aouère guetté le poisson, au fond de l'eau, j'avons les joues hautes et les usses rapprochés. C'est coume ça que je finissons par ressembler la mer qui entoure le pays. Oui, c'est ce qu'i' contont. I' contont que j'ons la voix grave et rauque. C'est peut-être vrai. Pis que je parlons pas vite. Ben j'avons point été accoutumés à parler beaucoup, par rapport que je savons pas trop quoi dire au monde. Ça fait que je nous taisons quand c'est qu'i' vient des étranges. C'est pas parce que j'avons rien à dire, j'aimerions leu parler de la mer, pis du pays, pis de nous autres... Ben d'accoutume je faisons rien que de nous émoyer de leu parenté pis de leur ouvrage. Pis à la fin, ben... C'est malaisé de parler au monde avec la voix rauque.

...Et je crois ben que j'avons trop respiré le sel de l'eau et qu'i' nous a resté collé dans la gorge; et le nordet nous a élargi le front; et les cailloux nous avont durci la plante des pieds; et le geint des goèlands dans le suroît, avec c'ti-là de la lame qui s'en vient s'écrapoutir sus les basses, la nuit, nous a resté entortillé dans l'oreille, et c'est pour ça que je parlons pas vite et que j'avons la voix traînante, coume i' contont.

Ben faut qu'une parsoune se pornit coume elle est, et asseyit point de parler ou de marcher coume les autres. Quand c'est que t'as marché deux siècles, toi pis tes aïeux, dans des seillons de terre rouge, ou sus des cailloux pis des cotchilles, tu peux pas aouère les jambes molles, ni les pieds coume des ressorts; et pis quand c'est que t'as été obligé de faire face aux vents du large, tu peux pas aouère la peau douce et blanche; et pis coument c'est que tu veux parler en grandeur avec tout le sel de la mer dans la gorge et les pommons?... Non, une parsoune est ben obligée de r'sembler au pays qui l'a nourrie et mise au monde, et c'est ça qui la tchent amarrée chus eux et la fait ennuyer. Et ça se réveille au printemps, ça. Et ça te fait souvenir de...

...C'est tchurieux, mais moi, le printemps, ça me donne envie de sortir, pis de subler, pis de marcher pus vite que d'accoutume; ben, ça me fait ennuyer itou. C'est malaisé d'espliquer. C'est coume si j'avais un bouchon de liége, droite icitte entre le cœur pis l'alouette, ou ben du coton à laine à l'endroit des pommons. C'est pas un mal de cœur, ni rien de même. Non... C'est coume un ennui, ben pas un ennui de parsoune ni de rien... c'est coume un ennui du soleil de sus l'empremier.

...La neige coumençait à fondre au mois de mâr', au mitan du carême. Les enfants des autres, pour faire leu carême, mangiont point de sucre ni de chocolat. Ça fait que nous autres, pour asseyer de faire pareil, je nous sauvions une orange que j'avions eue à Nouël, et je la laissions là sus le fait de l'armouère jusqu'à Pâques pour faire pénitence. Et au samedi saint, sus le coup de l'angélus, je sautions sus l'orange : ben elle était pourrie. J'avions pardu une orange, ben j'avions sauvé notre carême et j'étions contents. Pis tout le mois d'avri', j'allions ramasser des petits « huites » dans les russeaux et je les regardions devenir gornouilles dans des bouteilles ; pis je les relâchions. Au mois de mai, je marchions trois milles tous les souères pour aller au mois de Mârie. C'est pas que j'étions obligés, ben je nous trouvions à travorser le champ de base-ball ; ça fait que je nous arrêtions là un escousse pour les regarder jouer. Pis au mois de juin déjà, y avait de la rhubarbe sus le ouasin, et y avait toutes les femmes qui plantiont, et qui esharbiont, et qui s'appeliont des noms d'une bouchure à l'autre. C'est tchurieux, ben à chaque printemps, ça me revient tout ça, et pis ça me fait ennuyer.

...Ça me fait ennuyer, ben c'est pas un' ennui chagrinante. Non. C'est plutôt coume si... Bon, ben figurez-vous que vous sortez sus votre marchepied, un matin de printemps, et que vous ouayez passer les outardes qui s'en allont par dans les terres, par derriére sus votre pére où c'est que vous avez venu au monde et où c'est que vous avez été élevé. Et vous ouayez pendriller une goutte d'eau au boute d'une branche, et vous l'entendez timber dans la neige, et filer dans le canal, et dévaler jusqu'à la côte, dans la mer. Pis vous sentez le treufle qui voudrait sortir de la terre, et la glace qui descend la riviére. Et les goèlands criont après les outardes et les outardes continuont à monter dans les terres... Et vous savez pus où c'est que vous êtes. Vous vous mettez à entendre crier les « huites », et chanter le mois de Mârie, et craquer les glaces tout le long de la baie. C'est coume si toute votre vie était ramassée là dans vos veines et que vous pouviez tout d'un coup pus dire la diffarence entre le soleil de l'empremier et ç'ti-citte, ou ben entre le cri des goèlands et la voix des ouasines qui s'appeliont des noms. C'est coume si toute votre souvenance vous revenait d'un coup, en regardant passer les outardes à l'approche du printemps. Toute votre souvenance, et tous vos aspérances, et tous vos ennuis. T'arais le goût de subler, pis de turluter... ben tu y parviens pas, par rapport que t'as un bouchon de liége droite icitte et du coton à laine à l'endroit des pommons...

Ben un beau jour, peut-être ben que j'en trouverons un, un printemps, un vrai, qui dégouttera de partout pis qui sentira le musc à plein nez, avec des processions d'outardes dans le ciel à pus finir, et pus jamais d'ennui, rien qu'un goût de bénaise dans la gorge pis sus la peau, un vrai printemps qui s'arrêtera pus, ben qui durera, et pis qui durera, et pis... ben ça sera le ciel ça, et c'te jour-là, je crois ben que je serons morts et en paradis. Je m'en vas aller ouère sus la Sainte si elle arait pas un calenderier.

La rusurrection

Gapi, il veut pas crouère ça, lui, que le Bon Djeu a russuscité au matin de Pâques. Il dit que ça peut·pas se faire. Quand c'est qu'un houme est mort, qu'i' dit, il est mort. Un houme, peut-être ben, que j'y dis : ben le Bon Djeu, c'est point un houme. C'est point un houme ? qu'il dit ; ben si c'est point un houme, pourquoi c'est faire qu'il est mort ? Ça fait que là, j'y dis d'arrêter de blasphêmer.

...Pourquoi c'est faire qu'il est mort ?... Ils nous avont dit que c'était pour mieux russusciter. Ben pourquoi c'est faire qu'il a russuscité ? Ça serait-i' ben vrai que c'est pour rester tout le temps avec nous autres ? Ah ! je comprends qu'il voulit rester avec nous autres, ben... ben non, je comprends pas. Une parsoune qu'est aussi assurée de son salut qu'il pouvit l'être, le Bon Djeu, je peux pas ouère quoi c'est au juste qui le gardait par icitte. Aouère été à sa place, ça s'adoune... ouais, ben ça s'adoune que j'étais pas à sa place.

Je pouvons pas être à sa place, parsoune de nous autres. Ben pas la Sagouine toujou' ben. La bondieuserie, c'est point une job pour moi. Il me r'semble que passer ma vie au mitan des anges, pis des papes, pis des cardinals, pis des saints siéges, il me r'semble que je serais pas à mon aise. Et pis dans une job pareille, une parsoune peut pas se contenter des houneurs, il faut qu'a' faisit itou les ouvrages. Faire l'ouvrage du Bon Djeu, je croirais que c'est une moyenne job. Surtout par les temps qui vont. Sus l'empremier c'était peut-être encore vale que vale. Ben entreprendre de gouvarner le monde aujord'hui, et pis de gouvarner les consciences, à part de notre prêtre, j'en ouas pas un autre que le Bon Djeu pour faire ça.

Ah ! c'est pas parce que je crois qu'il counaît pas son affaire. Je suis sûre que le Bon Djeu counaît son affaire. Il sait ben, lui que si y a des Roulefeller pis des Rouleroyce qui roulont le monde, c'est pour sa pus grand' gloire pis notre pus grand bien. Je savons pas, nous autres, quoi c'est qu'est notre pus grand bien. Je pouvons pas saouère quoi c'est qu'il a dans l'idée quand c'est que les marées hautes s'en venont faire leux inondations jusqu'à dans la place de la cuisine chus nous. Ben ça veut point dire parce que je compornons pas que son idée est point boune. Peut-être ben que sans marée haute c'te ânnée, j'arions pas d'épelans l'ânnée qui vient. Et pis sans dépression ni crache écumunique, j'arions pas eu la soupe ni les stamps. Et j'arions-t'i' eu nos chèques de veuves si j'avions pas eu nos houmes de morts à la guerre ? Ça y fait ben des affaires à penser, ça, à c'ti-là qui gouvarne le monde. Et je comprends que des fois, il doit se prendre la tête à deux mains, le pauvre djable. Y a des jours qu'il doit quasiment regretter de l'aouère fait entoute, ce monde-là. Parce qu'il arait ben pu pas le faire. Ou ben il arait pu le faire diffaremment...

C'est ça que Gapi m'a dit, une jornée. Il a dit : Si le Bon Djeu était pas obligé de le faire, le monde, il était encore moins obligé de le faire de même. Quoi c'est qu'il avait dans l'idée, qu'il a dit, de faire les mouches à patates, ou ben de douner des ailes aux corbeaux ? Ou pourquoi c'est faire qu'il a créé les vents de quatre-vingts milles à l'heure le même jour que les lames de soixante-dix pieds ?... Je sais pas quelle sorte de monde qu'il arait fait, lui, Gapi... Je sais ben pas...

...Quelle sorte de monde que j'arions toute fait à sa place... Si c'est vrai que j'allons toute russusciter, nous autres itou, ben apparence que je pourrons le refaire à notre goût, notre monde. Coume le Créateur au premier jour l'a fait à son image et ressemblance. Pour moi, si j'entreprenais de le faire à mon image, y arait pas grand doumage : mais à ma ressemblance... Si le monde russuscité se mettait à ressembler à ce que j'ai dans mon siau... aussi ben pas se douner autant de trouble pour s'en aller le qu'ri' au fond du tombeau. Parce qu'ils avont été le qu'ri' au fond du tombeau, lui, au boute de trois jours. Moi, ça pourra pas être au boute de trois jours : faudra que j'espèris mon tour à la fin des temps, après le Jugement Darnier. Le temps me dure qu'i' seyit passé, c'te jour-là. Je counais parsoune qui doit se languir après son Jugement Darnier. À part de la Sainte qui se croit meilleure que les autres. Ben quand c'est qu'ils allont se mettre à y énumarer devant tout le monde les péchés de sa vie passée, a' se sentira peut-être pas si sainte que ça... Ben tant qu'à ça, moi non plus. Quand je pense à c'te jour-là, je regrette quasiment de pas m'aouère fait sœur.

Ah ! ça fait du bien de penser, par exemple, que sitôt le Jugement Darnier fini, là j'allons russusciter. Asteur ça veut-i' dire que j'allons revenir coume je sons là, et avec notre âge de mort ? Et si je mours à quatre-vingt-dix, je m'en vas-t'i' traîner mes quatre-vingt-dix le restant de l'étarnité ? Et le Bossu ara-t'i' sa bosse ? et la vieille Mounique son œil mort ? Ils contont que je serons reparfaitement heureux. Pour ça, ils aront besoin de rendre son œil à Mounique, pis de redresser le Bossu. Ils aront besoin de me frotter la peau, itou, pis de m'aouindre l'eau des genoux. Tant qu'à Gapi, ça y prendra tout un régiment d'archanges pour le remettre sus pieds. Parce qu'il se contentera pas de ses deux bras pis de ses trente-six dents, Gapi, je le counais : i'y faudra de quoi que parsoune a jamais vu, ou ben de quoi de pus grous que les autres... Il est jamais content, Gapi. Et je plains le Bon Djeu d'entreprendre de le russusciter, c'ti-là.

Ah ! ben, ils allont pourtant le russusciter coume les autres, ils pouvont point laisser Gapi tout seul dans les cimetchéres après le Jugement Darnier. C'te jour-là, faudra que tout le monde y passe : par le Jugement pis par la rusurrection. Les petits coume les grands, les riches coume les pauvres. Les pauvres, y ara pas grand doumage : ils pourront pas être pires après qu'avant ; ils pourront point les russusciter pus pauvres qu'ils étiont. Ben les riches, pour ceuses-là c'est moins garanti que la rusurrection sera une boune affaire. D'un coup que Dominique à Pierre sort de sa tombe tout nu avec pus même une poche de fesse où c'est mettre son portefeuille ? Quoi c'est qu'i' y resterait, au Dominique, sans son portefeuille ? Et si y a pus de jugements, après le Jugement Darnier, quoi c'est qu'ils feront avec tous les juges et tous les avocats ? Et quoi c'est qu'i' feront des docteurs, si y a pus de malades ? Tant qu'à ça, je sais pas quoi c'est qu'i' feront de moi, non plus, parce que jamais je croirai qu'ils aront encore besoin de faire forbir leux places en haut-là ! Hé ben, je reposerai mes vieux ous.

...Ça va peut-être être long pour se reposer, une étarnité. Apparence qu'y a rien au monde d'assez long pour en approcher. À la Mission, y a un prêtre venu de loin qui nous contait que si un oiseau frôlait un rocher avec son aile une fois tous les cent ans, ben que par le temps que le rocher serait usé, l'étarnité viendrait tout juste de coumencer... Mais ça pouvait pas être un oiseau de par icitte, parce que ceuses-là que je counais seriont morts avant d'aouère usé le rocher. Il disait, itou, le prêtre de la Mission, qu'y avait pas de danger de s'ennuyer, durant c'te étarnité-là, parce que je passerions notre temps à écouter chanter les alouettes et à sentir le parfum des fleurs du paradis... Il l'a dit, et c'est un prêtre, il doit counaître ça. Il a dit itou que j'arions tout chacun une robe blanche et une chandelle. Ben là Gapi a dit « non » tout net. J'ai eu beau asseyer de lui espliquer qu'il pourrait garder ses overhalls en dessous de sa robe s'i' voulait, pas d'affaire. Il a dit qu'il aimait mieux pas russusciter pantoute.

Pauvre Gapi ! On oua ben qu'il comprend rien aux mystères, lui. J'y dis : Fais un effort, asseye de comprendre. Ben c'est malaisé quand c'est qu'on est pas instruit de comprendre la Rusurrection. Pour les prêtres et les avocats, un mystère, c'est de la petite école. Ben nous autres... La seule chouse qui nous avont enseignée, c'est que le mystère est une varité que tu dois crouère, ben que tu comprends pas. Ben allez asseyer de comprendre après ça ! Je comprends que je vas mouri', que mon corps va aller au cimetchére, et mon âme au pigatouère ou au paradis... Ben moi, la Sagouine, où c'est que je serai pendant ce temps-là ? Ils disont qu'à la Rusurrection, mon âme ira rejoindre mon corps et que je redeviendrai ce que j'étais avant. Ben ça, c'est au Jugement Darnier, oubliez pas ; c'est à la fin des temps. Ben je m'en vas-t'i rester déchirée en deux coume ça jusqu'à la fin des temps ? Et quoi c'est que j'en sais si les temps avont dans leur étention de finir bentôt ? Et moi, quoi c'est que je ferai en espèrant ? C'est ça l'idée qui me trotte dans la tête coume si j'avais des fourmis dans le cerveau.

...J'ai tout le temps un lotte d'idées qui me trottont dans la tête tant qu'à ça. Sus la rusurrection pis sus l'étarnité. Quand c'est qui disont que c'est le Bon Djeu qui nous a faits, pis qu'a fait la terre, pis qu'a fait tout ce qu'est venu au monde dessus, ben là je me demande qui c'est ben qui l'a fait lui. Ça fait là, i' disont que lui, parsoune l'a fait, qu'i' s'a fait tout seul ; qui s'a fait tout seul étarnellement. Durant toute l'étarnité, il a été là, le Bon Djeu, tout seul. Ben pas tout fin seul : avec ses trois parsounes en Djeu. Par chance qu'ils étiont troisse... pour se désennuyer. Parce que pas de diffarence coument loin qu'une parsoune remonte en airiére, il était déjà là. Ça fait là tu te dis : Ben avant qu'i' seyit déjà là, quoi c'est qu'y avait ? Non, il était là. Avant qu'il arrive, il était déjà venu. C'est ça l'étarnité, qu'i' nous avont dit.

Ouais... Ah ! je sais ben que le monde a point pu se faire tout seul, que fallit ben qu'y ayit tchequ'un pour l'aouindre de rien. Et c'est le Bon Djeu. Ben coument ça se fait que lui, y a pas eu parsoune pour l'aouindre de rien ? Des fois je me dis que c'est aussi malaisé pour un Bon Djeu de s'aouindre de rien que pour le monde de se faire tout seul... Ben me v'là rendue coume Gapi, à blasphêmer sus les trois parsounes en Djeu.

...Je crois en Dieu, le Père tout-puissant, créateur du ciel et de la terre, et en Jésus-Christ, son fils unique, Notre-Seigneur, qui a été conçu du Saint-Esprit... du

Saint-Esprit... C'est lui, le Saint-Esprit, qui s'a viré en fi-follet à la Pentecôte et qu'a venu timber sus la tête des apôtres pour leu bailler le don des langues. Les apôtres, qu'étiont pourtant rien que des pêcheux coume nous autres, avont sorti de là tout effarouchés et s'avont mis à parler sept langues, figurez-vous, coume Marguerite Michaud. Faire parler sept langues à un pêcheux, pas de diffarence quelle façon de pêche qu'i' faisit, c'est un mystère qu'on comprend pas ben qu'il faut croire parce que c'est Dieu qui l'a révélé.

Ça fait ben des affaires à comprendre pour les pauvres qu'avont pas été à l'école longtemps, ben qu'aimeriont ben pareil de saouère d'avance quoi c'est qui les espère de l'autre bôrd. Par rapport que si je pouvions saouère un petit brin quoi c'est qu'y a dans l'autre monde, je pourrions peut-être ben mieux nous préparer et pas arriver là coume des effarés qu'avont jamais rien vu. Je vouderions ben point faire honte au Bon Djeu pis à la Sainte Viarge mèque je renterions au paradis à la fin des temps. Je vouderions être parés, coume les autres. Et j'arions ben aimé ça d'aouère eu une arligion qu'arait eu une petite affaire moins de mystères et une petite affaire plusse de pain bénit au matin de Pâques.

...Ben faut pas trop que je jongle à ça, par rapport que ça me fait virer la tête, coume quand c'est que je travorse le pont de railroad et que j'aparçois l'eau au-dessous, entre les dormants.

Gapi m'a dit que je me dounais ben du trouble pour rien. Il m'a dit que c'te genre de jonglerie-là, ça menait un houme droite à Saint-Jean ; et que de trop jongler sus la mort, ça faisait que corver pus vite. C'est point la mort qui me fait jongler, que j'y dis, c'est ce qui vient après. Ce qui vient après la mort, c'est la mort, qu'il dit. Et j'y ai dit d'arrêter de blasphêmer.

Y a rien qu'une chouse que je savons pour sûr et sartain : c'est que j'y passerons. Je passerons je sais point où, ben je passerons à travers queque chouse. Et si j'en sortons c'est que je serons russuscités. Et pis là, apparence que je pourrons nous contenter tout notre saoul. Moi, rien qu'à y penser ça me fait venir à la bouche quasiment toute l'eau que j'ai dans les genoux. Une étarnité pour refaire le monde coume tu l'entends ! Pour le prendre dans tes mains, et le forbir, et l'arrondir ! et l'embellir, et... pensez-ouère ! une étarnité pour toi pis ta rusurrection tout seules !... Non, pas tout seule. Pas flambant seule. Avec le Bon Djeu. Ben pas rien qu'avec le Bon Djeu non plus. Avec les autres.

...Avec Joséphine, pis Séraphine, pis Pierre à Tom, pis Élie ; pis Maxime avec son vialon ; pis Pierre Fou, c'est aussi ben. Je crois ben que Laurette à Johnny y sera, et le défunt Johnny lui-même, tant qu'à ça. Ah ! ben avec Laurette j'ai tout le temps parvenu à ouère mon mot. Ben pas la Sainte ! Avec yelle, ça voudra dire une étarnité de vêpres, pis de suppliques, pis de bénédictions du Saint-Sacrement. Si a' se fourre pas dans la tête de coumencer ses neuvaines de chemins de croix de l'autre bôrd. Si elle a liché le Bon Djeu toute sa vie, elle a pas fini de l'autre côté. Non, pas la Sainte. J'ai encore sus le cœur tout le chaudron de fricot qu'a' m'a volé, sus mon propre devant de porte. C'ti-là, elle l'emportera point en paradis. Si elle y tient, faudra qu'elle l'emporte... Oh !... je crois ben que c'est point chanceux de souhaiter à son prochain d'aller sus le djable pour un potte de fricot. Pis je crois ben que c'est point chrétchen. Ben j'm'en vas quand même y dire de choisir : a' viendra pas avec mon fricot. Pis faudra qu'a' rendit à la Cruche ses deux poutines itou ; et la tcheue de renard qu'elle a volée de sus la Ford à Noume pour se la mettre autour du cou... Tant qu'à ça, faudrait que Noume rendit sa bière à Élie, et qu'Élie rapporte à Gapi sa fouine pis son râteau... Pis je crois ben que je pourrai point garder les souliers à Séraphine, et pis les catalogues à Eaton que j'avais empruntés sus la Sainte. Je crois ben que faudra que chacun mette ben de chouses en place... Ah ! après toute, la Sainte, si a' veut arrêter de projeter pis de se mêler des affaires des autres... j'y dirai qu'a' peut venir. Ben a' sera avartie, qu'a' coumence pas à mettre la chamaille. Pourvu asteur que Gapi se mette pas dans la tête de pas venir... Je suis mieux d'aller y parler tout de suite.

...Y a des affaires qu'il faut pas tarzer à régler. On peut espèrer un an pour changer l'harbe à outarde dans la terrasse, et pour rapièceter les bardeaux de la couvarture. Ça presse pas non plus de laver le dedans de l'armouère pis de faire éventer les couvartes sus la ligne. Ben une parsoune qui remet à demain de faire son salut, a' pourrait arriver en retard à sa rusurrection. Ben moi, j'ai manqué ben des affaires dans ma vie ; je suis pourtant pas pour manquer celle-là. Je m'en vas y dire à Gapi. Il veut point crouère ça que le Bon Djeu a russuscité au matin de Pâques ? C'est ben, que je m'en vas y dire : crois-les ou crois-les pas. Fais à ta tête, que je m'en vas y dire ; ben compte pas sus moi au matin du Jugement Darnier pour t'aouindre de ta tombe pis te russusciter malgré toi. Prends ben garde de passer toute ton étarnité tout seul : ça sera peut-être pus long que tu penses, que je m'en vas y dire.

...Je m'en vas y dire droite asteur.

Le recensement

Eh ben oui, ils avont passé par chus nous pour le recensement. Et pis ils nous avont toute recensés, pas de soin : ils avont recensé Gapi, pis ils avont encensé la Sainte, pis ils m'avont ensemencée, moi itou. Ah ! c'était une grousse affaire, pornez-en ma parole qu'a jamais menti. Parce que lors d'un recensement, coume ça, il leu faut encenser tout le monde, avec les poules pis les cochons. Ben chus nous, j'avons ni tet à poules, ni soue à cochons, ça fait qu'ils avont ensemencé les matous. Ils fortont dans tes hardes, itou, pis ils mesuront ta maison, et ils comptont jusqu'aux bardeaux de ta couvarture. Ben quand c'est qu'ils avont demandé à Gapi de leu montrer son livre de banque, il leur a dit de manger de la m... Ah ! il a pas grand' maniéres, Gapi.

Pis ils te questiounont. Des fois c'est malaisé à répondre : ton nom, tous tes noms de baptême, ton pére, ta mére, ta darniére maladie, quand c'est que t'as eu tes âges, tes enfants morts, tes enfants encore en vie, et coument c'est que tu gâgnes dans un an. Gapi trouvait qu'ils fortiont une petite affaire trop dans sa vie ; ça fait que quand c'est qu'ils y avont demandé quoi c'est que son pére faisait avant de mourir, il les a avisés pis il leur a dit :

Avant de mouri'? Mon pére il s'a élongé les deux jambes pis il a fait : « heug ».

Ah ! ils te demandont des affaires malaisées.

Asteur il faudrait qu'une parsoune se souvenit de tout ce qu'elle a fait dans sa sainte vie. C'est pire qu'à la confesse, ma grand' foi Djeu ! Ils vouliont saouère coument c'est que je dépensions de farine dans un an. Un an, pensez ouère ! Mais pouvez-vous me dire si y a une parsoune au monde qui sait ce qu'a dépense dans un an ? J'achetons notre farine à la livre, un petit sac à la fois, quand c'est que j'en avons pus, et que j'avons de quoi la payer ; ou ben quand c'est qu'ils voulont nous la laisser à crédit. Ben nous autres, avec de la farine, je faisons du pain pis des crêpes, pas des livres de comptes, que Gapi leur a dit aux recenseux. Et j'avons pas de livre non plus pour carculer chaque coque pis chaque palourde que j'avons vendus. Tout ce que je pouvions y dire, au recensement, c'est que je pêchons pour vendre, je vendons pour acheter, et j'achetons pour nous mettre de quoi dans le ventre. Et au boute de l'ânnée, j'avons pas plusse de poissons dans l'estoumac que j'en avons pêché dans la baie. C'est coume ça l'écounoumie chus nous.

Ben y en a qu'avont des questions pus malaisées à répondre que d'autres. Quand c'est qu'ils demandont à la Cruche d'espliquer ça qu'a' fait pour vivre... ou ben quand c'est qu'i' demandont à Boy de noumer tous ses enfants... c'est malaisé.

Pis ils te demandont itou ton arligion. Ça fait que tu te prépares à répondre, ben tu te ravises. Par rapport que là encore il faut que tu leu bailles des esplicâtions. C'est pas toute d'aouère été porté sus les fonds pis conformé par l'archevêque en parsoune en pleine tornée de conformâtion. Il faut que tu noumes le saint patron de ta parouesse actuelle. Asteur ta parouesse actuelle, c'est-i' la même que celle-là où c'est que tu fais tes pâques à chaque dimanche de la Trinité ? La parouesse qui baptise tes enfants, c'est-i' ben une parouesse actuelle ? Ben je voulions pas passer pour des communisses, ça fait que j'avons pris une chance de leu répondre que j'étions des chrétchens.

C'est pas toute. Parce qu'y a sus leux listes une question encore ben pus malaisée. Ah ! là, Gapi non plus savait pus quoi répondre. Ta natiounalité, qu'ils te demandont. Citoyenneté pis natiounalité. C'est malaisé à dire.

...Je vivons en Amarique, ben je sons pas des Amaricains. Non, les Amaricains, ils travaillont dans des shops aux États, pis ils s'en venont se promener par icitte sus nos côtes, l'été, en culottes blanches pis en parlant anglais. Pis ils sont riches, les Amaricains, j'en sons point. Nous autres je vivons au Canada ; ça fait que je devons putôt être des Canadjens, ça me r'semble.

...Ben ça se peut pas non plus, parce que les Dysart, pis les Caroll, pis les Jones, c'est pas des genses de notre race, ça, pis ça vit au Canada itou. Si i' sont des Canadjens, je pouvons pas en être, nous autres. Par rapport qu'ils sont des Anglais, pis nous autres, je sons des Français.

...Non, je sons pas tout à fait des Français, je pouvons pas dire ça : les Français, c'est les Français de France. Ah ! pour ça, je sons encore moins des Français de France que des Amaricains. Je sons putôt des Canadjens français, qu'ils nous avont dit.

Ça se peut pas non plus, ça. Les Canadjens français, c'est du monde qui vit à Québec. Ils les appelont des Canayens, ou ben des Québecois. Ben coument c'est que je pouvons être des Québecois si je

153

vivons point à Québec?... Pour l'amour de Djeu, où c'est que je vivons, nous autres?

...En Acadie, qu'ils nous avont dit, et je sons des Acadjens. Ça fait que j'avons entrepris de répondre à leu question de natiounalité coume ça: des Acadjens, que je leur avons dit. Ça, je sons sûrs d'une chouse, c'est que je sons les seuls à porter ce nom-là. Ben ils avont point voulu écrire ce mot-là dans leu liste, les encenseux. Parce qu'ils avont eu pour leu dire que l'Acadie, c'est point un pays, ça, pis un Acadjen c'est point une natiounalité, par rapport que c'est point écrit dans les livres de Jos Graphie.

Eh! ben, après ça, je savions pus quoi trouver, et je leur avons dit de nous bailler la nationalité qu'i' voudriont. Ça fait que je crois qu'ils nous avont placés parmi les sauvages.

Ah! c'est malaisé de faire ta vie quand c'est que t'as pas même un pays à toi, pis que tu peux point noumer ta natiounalité. Parce que tu finis par pus saouère quoi c'est que t'es entoute. Tu te sens coume si t'étais de trop, ou ben qu'y avait pus parsoune qu'i' voulit de toi. C'est pas parce qu'ils te le faisont sentir. Ils te disont ben que t'es un citoyen à part entchére; ben ils pouvont point noumer ta citoyenneté. T'es pas de trop, peut-être ben, mais t'as pas ta place au pays. Ça fait que faudra toute finir par bâsir un jour, chacun notre tour.

Apparence que le garçon à la Sainte arait eu fait mander sa mére. Ben oui, c'est l'Arthur, asteur, c'ti-là qui s'a établi à Mâtréal l'autoune passé. Apparence qu'i' s'a trouvé de l'ouvrage par là, dans une shop de fleurs en plastique. Et pis asteur, il envoye qu'ri' sa mére.

A' va se greyer avec le chapeau de plumes que la femme du docteur y a baillé, c'est sûr et sartain ; pis avec la tcheue de renard qu'elle a volée sus la Ford à Noume. C'est pour le coup que greyée de même, a' va les user jusqu'aux cailloux, les sidewalks de Mâtréal. Pis a' va l'allumer son lampion de l'Aratouère, son grous lampion d'une piastre au pied du cœur du Frére André.

Oui, ben icitte au moins j'arons la paix pour un escousse. Si a' peut y rester longtemps assez par là... Gapi, lui, i' conte qu'a' s'en reviendra pus... Voyons !... Ben... Ça voudrait-i' dire, asteur... ? Ah ! Gapi, lui, faut tout le temps qu'i' mette les chouses au pire.

I' conte itou que Laurette à Johnny va partir pour les États. Pis que Jos à Polyte est paré à mouver sa famille dans les pays chauds. Ça se parle sus l'Orignal. Ben vite je trouverons pus un satré ouasin autour pour nous aïder à jeter nos dôrés à l'eau. Les temps s'en venont durs, qu'i' contont, et je pourrions ouère encore un coup le pays se faire recenser, pis arpenter, pis boloxer, pis garocher dans le sû.

...J'avons déjà été garrochés une fois, coume ça, et j'avons landé en Louisiane, asseurement. Si c'est pour r'coumencer !... Ils trouvont-i' que j'en avons point eu assez, encore ? Mon pére nous contait que son propre aïeu à lui en avait gardé la souvenance, de c'te déportâtion-là, et i' leu racontait dans les veillées les misères de sus l'empremier. Ils avont marché des jours et des mois dans les bois pour s'en revenir, parce qu'ils vouliont aouère un pays, ceuses-là itou. Ils vouliont se trouver un coin de terre à z-eux, où c'est qu'ils parleriont leu langue et se feriont pus appeler des noms par parsoune. C'est pour ça qu'ils s'en avont revenu par icitte, dans leu pays, pis sus leux terres. C'est ça qu'ils avont fait, les aïeux de mon défunt pére. Eh ben apparence qu'ils les avont pas retrouvées, leux terres : les Anglais les avoint tout pris. Il leu restait pus rien que leux hatchettes pour se couper des âbres et se rebâti'. Ils s'avont rebâti des cabanes, pis ils avont recoumencé à vivre sus la terre de leux aïeux ; ben dans le dérangement, ils avoint pardu leu dide et leu natiounalité.

Ah ! c'est point aisé de te faire déporter coume ça, et de crouère que tu y laisseras pas queques plumes dans ta déportâtion. Ça se paye ces voyages-là. C'est vrai que tu fais parler de toi après : ils te dounont toutes sortes de façons de beaux noms, coume Évangéline et les saints martyrs canadjens. Ils t'appelont un peuple héroïque et martyr et ils te jouquont quasiment dans la niche de l'Ecce Homo. Il était venu des genses de l'Assomption et du Monument de la Recounaissance nous parler de ça, dans le soubassement de l'église. Ils nous avont tout conté : l'Évangéline pis l'Ave Marie-Stella. C'était une belle histouère, c't'elle-là à Marie-Stella pis Évangéline ; ben moi j'aimais encore mieux les contes de mon défunt pére.

...L'histouère à Pierre à Pierre à Pierrot, gréyé en femme asteur, figurez-vous, et qui s'a sauvé dans les âbres en sautant d'une branche à l'autre coume un singe, pour pas être aparçu des sauvages pis des Anglais qui le guettiont dans les bois. Fallit qu'il allit qu'ri' du secours pour les autres qu'étiont restés enfarmés dans une cave à patates. Une cave vide, à part de ça. Pis y avait l'histouère du capitaine Belliveau qu'était prisonnier avec les autres et qu'ils ameniont pour se faire déporter, lui itou. Eh ben, il a tout garroché les Anglais par-dessus bôrd, le capitaine, et il s'a chargé du gouvernail. Ça fait que v'là une goèlette qu'a viré de bôrd et qu'a jamais vu les côtes de la Louisiane. A' s'en a été accoster dans le nôrd, que mon pére contait, et les Anglais l'avont jamais su. Apparence que c'était des genses pas aisés, nos défunts aïeux, et tu pouvais pas leu faire des accrouères... Ben c'était pas ceuses-là, les héros pis les martyrs. Non, les héros pis les martyrs, c'était Évangéline pis Marie-Stella.

Ouais... j'appartchenons à la race des saints martyrs, qu'ils nous avont dit, et apparence que je sons ben chanceux d'aouère été déportés coume ça. Ah! pour être chanceux, ça c'est sûr que j'avons été chanceux. D'abord ils nous avont certifié que quasiment la motché de ceuses-là qu'aviont été embarqués sus des goèlettes, s'en avont revenu. Pis des revenants, quasiment la motché avont réussi à se rabâti' pis travorser le premier hiver. Ça fait deux cents ans passés de ça, et y a encore pas mal de monde en vie, de nous autres. Les Anglais nous l'avont dit z-eux-mêmes: Combien de races où c'est qu'y arait pas ersoudu une tête après un orage pareil! Vous pouvez vous compter chanceux, qu'ils nous avont dit. Ah! pour ça, oui, j'avons été chanceux.

...Ça fait passé deux cents ans et je sons encore en vie. Je continuons à labourer nos champs de ramenelle, pis à pêcher nos palourdes, nos huîtres, pis nos épelans. Je nous efforçons encore d'attraper les deux boutes pis de pas mouri' avant d'aouère trépassé. Faut pas corver avant son heure, c'est ce que je me dis. Pis te faut ton trou en terre sainte pour être assuré de ta place en paradis. Tant qu'au reste, j'avons rien d'autre.

Ben le petit brin que j'avons, j'arions ben aimé le garder, par exemple. J'arions aimé ça de rester encore queque temps dans nos cabanes pis sus nos terres.

C'est point des vraies terres, tant qu'à ça, c'est putôt ce qu'ils appelont des maniéres de terrains abandounés qu'étiont à parsoune, ça fait que nos aïeux s'y avont établis, coume ça, sans sarémonie pis sans déranger. Je comptions y rester encore queques générations sans faire de mal à parsoune. Je viverions point une grousse vie, j'avons jamais été du monde à l'aise, nous autres ; ben je pourrions assayer de continuer coume avant, à ragorner des écopeaux pour l'hiver, pis à creuser des trous dans la glace pour pêcher l'épelan. Pis le printemps, je guetterions encore les outardes qui t'avartissont que le jus va bintôt dégouter des âbres, et que tes pommons allont prendre leur respire pour l'été. Et tu guetteras le mois de juillette avec ses beluets pis ses cosses de fayot, pis le mois d'août avec ses épis de blé d'Inde, pis l'autoune avec...

...L'autoune qui vient, la Sainte sera déjà rendue sus son garçon. Pis Laurette à Johnny itou ara bâsi. Et pis Jos à Polyte, et pis l'Orignal et... et je crois ben que ça sera bintôt notre tour à moi pis Gapi. Ils allont tout râfler les terrains de la côte, qu'i' contont, par rapport que c'est pas eugénique et que ça fait du tort à l'écounoumie du pays. Je sais pas trop où c'est que j'irons nous établir, moi pis Gapi, j'avons point de garçon à Mâtréal ni de parenté aux États. Ben je pouvons point continuer icitte tout seuls à faire du tort au pays, que j'y ai dit, à Gapi.

Mais Gapi, il est pas si sûr que ça, lui, que je boloxons leur écounoumie. Il a pour son dire que dans sa courte vie, il a plusse vu pâtir de monde au pays qu'il a vu le pays maltraité par le monde. Pis i' dit qu'une terre qui peut pas te faire vivre, si i' te l'arrachont, a' pourra pas plusse faire vivre c'ti-là à qui c'est asteur qu'i' la bailleront. C'est pas de même, qu'i' dit, qu'i' pourront transplanter le monde pis... Ben je le fais taire, Gapi, pis j'y dis d'arrêter de badgeuler. Pacte tes overhalls pis tes changes de dessous, que j'y dis, pis tchens-toi paré. Oui, faut se tchendre parés deboute pour le prochain Grand Dérangement. Par rapport que c'te fois-citte, je sais point quand c'est que je reviendrons au pays. Je sais point quand c'est... quand c'est ben que j'arons un pays à nous autres, pour tout de bon, où c'est que je pourrons replanter nos cosses de fayot et nous ragorner une borouettée d'harbe à outarde pour terrasser nos cabanes encore un coup... Je sais pas quand c'est... je sais pas quand c'est...

...J'avons rien qu'i' pouvont recenser, les recenseux. C'est ce que je leur ai dit. Et Gapi itou, leur a dit. J'avons pus autchune terre à nous autres ; je sons pas sûrs de notre arligion ; et je counaissons pas notre natiounalité. Je pense que j'en avons point. Ils nous avont dit que j'étions chanceux d'être encore en vie. Je crois ben que c'est vrai... Je sons encore en vie... Ils nous l'avont dit. Ben si je l'étions pus, je crois ben qu'ils s'en aparceveriont pas, parsoune. Pas même les recensements. Ben quand c'est qu'i' vient un temps où c'est qu'une parsoune peut pus noumer son arligion, sa race, son pays, sa terre, et pis qu'a' peut pus noumer la langue qu'a' parle, ben c'te parsoune-là sait peut-être pus au juste quel genre de sorte de façon de parsoune qu'elle est. A' sait peut-être pus rien.

Ben moi, je le dirai au gouvarnement : je sais pus rien, j'appartchens pus rien, je suis peut-être pus rien, non plus. Ben je suis encore en vie, toujou' ben. Pis je crois ben que je m'appelle encore la Sagouine, à l'heure qu'il est. Avec un nom de même, ils pouvont pas me mêler avec les recenseux ou la femme du docteur. Ça fait qu'ils seront ben obligés de me recounaître quand c'est que je marcherai à côté de z-eux, sus le chemin du roi.

La mort

Je reste en bas, mais c'est pas là que je suis née. Ben pus haut, avant la guerre. L'autre guerre, la premiére. Ils disont que c'était pas la premiére, qu'y en avait eu ben d'autres avant celle-là. J'ose le crouère, mais je les ai point connues. J'en ai connu deusse : ça suffit pour qu'on s'en faise une idée. Sa petite idée... Je prendrai une autre petite graine de thé, si ça vous fait rien.

Ils m'appelont la Sagouine, ouais. Et je pense, ma grand foi, que si ma défunte mére vivait, a' pourrait pus se souvenir de mon nom de baptême, yelle non plus. Pourtant j'en ai un. Ils m'avont portée sus les fonds, moi itou coume je suis là. J'avais même une porteuse, t'as qu'à ouère, une marraine pis un parrain. Toutes des genses de par chus nous. Même de la parenté, que mon pére contait. Ondoyée, baptisée, emmaillotée, j'ai passé par tout la sarémonie avant d'aouère les yeux rouverts. C'est pour dire, hein ? Je sons tout du monde pareil, à c't âge-là. C'est pus tard que... Vous êtes mieux de bouère votre thé tant qu'il est chaud. Ça vous lave l'estoumac pis les rognons. Moi, c'est là que je suis le pus faible. La nuit, je sens du mal, c'est sans bon sens. Icitte, en bas de l'échine. Pareil coume si j'avais les pigrouines tordues et que ça se mettait à détordre, ça, coume un ressort, toutes les nuits que le Bon Djeu amène.

...C'est peut-être pas lui pantoute qu'amène les nuits, pis le mal... Quand c'est que Gapi parle de même, je le fais taire. Faut pas dire ça, que j'y dis. Le Bon Djeu counaît son affaire, ...Gapi, lui, il prétend que c'est pas juste. Il dit que si le Bon Djeu était si bon que ça, qu'il laisserait pas souffri' le pauvre monde sans raison. Mais je le fais taire. J'allons pas nous mettre à blasphêmer, sacordjé! Et pis, si j'endurons du mal, c'est que j'en avons fait. C'est juste... Gapi, lui, il trouve que le mal que le monde fait, c'est pas du vrai mal, mais rien que des petits tours au Bon Djeu pour s'amuser; et que le Bon Djeu arait pas besoin de tant s'énarver et nous traiter coume si j'étions du mauvais monde qui cherchions à mal faire pour mal faire.

...Ça me prend la nuit, droite là dans le ventre pis en bas de l'échine. J'ai été à la ville deux fois pour ouère le docteur, mais... j'ai pas pu me décider. Laurette à Johnny dit à tout le monde que je vas pas ouère le docteur parce qu'une fois rendue en ville, j'ai d'autre chouse à faire là qu'à courir les hôpitals. Laurette peut ben en parler, yelle. Après la mort de Johnny, a' s'a fait friser les cheveux et s'a mis à veuver. Une vraie farlaque. Même que ç'avait coumencé avant. Coume qui dirait, un couvert pour chaque potte; mais y en a qu'avont plusieurs pottes... Heh!... J'ai pas encore pu me décider. Une fois que le docteur s'est prénoncé, il s'est prénoncé, et vous êtes pris avec le mal qu'il a noumé. C'est pas tant que j'ai peur du mal... je crains le mal qui se garit pas.

Quand on est mort, c'est pour une boune escousse. Y en a qui avont peur de la mort. Moi point. Un petit brin de douleur, que je me figure, pis c'est fini.

J'ai assez souffri dans ma vie pour en endurer encore. C'est point la mort qui m'intchette, c'est ce qui vient après... C'est-i' ben vrai tout ce qu'ils racontont dans le gros catéchîme en image? Le pigatouère, les limbes, l'enfer... Gapi, lui, il a pour son dire que si le Bon Djeu est bon... Mais je le fais taire, Gapi... Il dit qu'il peut pas y aouère d'enfer pour le pauvre monde, parce qu'il l'avont eu sus la terre, leur enfer.

...Quand je nous avons mariés, j'avons d'abord été trouver le prêtre et j'y avons demandé de faire la sarémonie. Mais il a refusé. Par rapport à la parenté. Je peux pas vous marier, qu'il a dit, vous êtes parents. C'est vrai que j'étions un petit brin parents: mon défunt pére pis sa mére, ben c'était frére et sœur. Alors il a dit: Par rapport à la loi qui guérit les mariages, je peux pas marier des cousins adjermés. Ça fait que Gapi m'a avisée, et je l'ai avisé, pis il m'a dit: Si t'es contente, j'allons aller nous marier au ministre. J'avons été trouver le ministre qu'a point fait d'his-touères pantoute, et je sons sortis de là houme et femme. Deux semaines après, je me souviens, Gapi rentrait des huîtres et je m'en avais été le charcher au tchai, j'avons rencontré le Pére Nap: il était prêtre à Sainte-Mârie dans le temps et il nous a dit:

— Écoutez ouère, vous deux, vous savez que vous êtes pas mariés. Si vous veniez avec moi, je pourrais peut-être arranger ça.

Alors Gapi m'a avisée pis je l'ai avisé, pis il a dit:

— Si j'étions parents la semaine passée, je sons encore parents; j'avons pas besoin de vos mariages.

Mais le Pére Nap s'a pas enragé, il a dit:

— Ça prendra pas de temps, venez à la sacristie et je vous marierai dans l'église, et ça sera vite fait.

Gapi m'a avisée et je l'ai avisé :

— Si t'es contente, qu'il a dit...

Ça fait que j'avons suivi le Pére Nap jusqu'à la sacristie. Il nous a confessés, mariés, bénis ; il a même refusé la piastre que Gapi a voulu lui bailler. Coume disait Gapi : Avec ça, je sons mariés deux fois, ça devrait compter. C'était un vrai mariage, j'avais même un jonc. Un gros jonc en pure limitation d'or. Je l'ai écarté sus les marches de l'église, je me souviens. Mais coume qui dirait : quand on a eu douze enfants, on a beau aouère écarté son jonc...

...Ouais, douze enfants. Et j'en ai réchappé trois. Y en a neuf de morts dans les langes. Vous compornez, dans le temps que j'élevais, y avait même pas de terrasses aux maisons, et rien que du bois vert et des petites hâriottes pour chauffer. Et pour mal faire, les neuf ont venu au monde entre la Toussaint et la fonte des neiges. Les trois qui sont nés au temps des framboises avont réchappé. C'est votre mére, asseurement, qu'est venue délivrer. Une sainte femme, votre mére, une ben boune femme, ouais, et qu'est sûrement au paradis à l'heure qu'il est. A' fornissait toute, votre mére : les couches, les couvartes, l'emmaillotage et jusqu'à l'eau chaude. Une ben boune femme. Si y en avait eu plusse coume ça, j'arais peut-être ben pu sauver les neuf-z-autres. Ah ! ben, coume je disais à Gapi, ceuses-là au moins, j'en suis point intchette : ils sont là toute ensemble, dans un patchet au cimetchére. Je suis point intchette. Ceuses-là, je sais qu'ils sont ben ; ils ont toujou' ben pas eu le temps de faire le mal. Et moi j'ai eu le temps de toute les ondoyer.

...Je vas à la ville chaque fois que je reçois mon chèque du gouvarnement. Mais ils me prendront pus dans ces maisons-là. Je fais le grand tour pour pas passer devant. La Rosie m'a huché l'autre jour, mais j'ai pas fait mine que je l'avais entendue et j'y ai huché à mon tour qu'a' s'en allait droite sus le djable. Elle a dit : Viens, j'ai à te parler. J'ai dit : Y a-t-i' des houmes là-dedans ? Je suis flambant seule, qu'elle a dit. C'est ben, que j'y ai répondu, je m'en va aller ouère. Heh !... si ça du bon sens asteur une vie de même à son âge, avec la mort écrit dans la face. C'est coume je l'ai dit au juge : J'ai fait une promesse à sainte Anne et je la garderai. Et asteur, moi pis le juge, je sons coume frére et sœur.

...Marci. Je voudrais pouvoir faire du bon thé de même. Ça vous graisse les pommons... C'est des bounes feuilles de thé, ça oui, des bounes feuilles. Une parsoune peut presquement ouère toute sa vie là-dedans. Je finirai par aller ouère le docteur. Et tant qu'à y aller, j'irai ouère le meilleur. Un espècialiste pour le ventre. C'est là qu'est le mal. Le gros du mal vient tout le temps de là. Pour venir au monde coume pour mouri'. Et c'est pas long entre les deux, c'est la Sagouine qui vous le dit. C'est coume si c'était hier. Je ramassions des beluets dans le mocauque et ma grand-mére nous disait :

— Ramassez rien que les bleus ben mûrs. Les autres, c'est pour la graine. Tout ce qu'est blanc, faut pas toucher à ça.

Et je pensais en moi-même : tout ce qu'est blanc, faut pas toucher à ça. C'est pour ça que je portions un ouèle blanc de premiére communion. J'étions toutes jeunes, mais ça nous faisait jongler. Plus tard, on oublie, on pense pus à rien. On asseye d'attraper les deux boutes et de raccommoder la vie pour que ça paraissit pas trop. Mais ça paraît toute le temps quand on a déchiré sa robe une fois. Ça fait qu'aussi ben pus y penser. On se figure qu'on pourra arrêter de jongler. Mais ça en fait trop. Y a les danses, pis la flacatoune, pis les enfants qu'on a pas réussi à réchapper, pis les chamailleries avec les ouasines, pis le baloné le vendordi, pis la messe le dimanche qu'on a désartée parce qu'on avait rien qu'un chapeau cobi à se mettre sus la tête et qu'on voulait pas se faire moquer de nous autres. Durant toute une vie, ça en fait trop. Le Bon Djeu a beau être bon...

Les prêtres contont qu'i' pardoune toute, le Bon Djeu, par rapport qu'il est infinitivement bon. Ben pourvu asteur que t'ayis regret. Ça c'est juste. Je l'ai dit à Gapi. Si tu veux te faire pardouner tes péchés, faut que t'ayis regret pis le farme propos de pus recoumencer... Asteur ça, ça veut-i' dire que si c'était à refaire...? Oui, si c'était à refaire, faudrait qu'une parsoune changit de vie, c'est toute.

...C'est malaisé. Par rapport qu'une parsoune a pas tout le temps le choix. Si mes enfants aviont manqué de rien coume ceuses-là des autres, j'arais point été obligée de m'exiler à la ville, sus la Main, ou ben de guetter les goèlettes des vieux pays. J'arais point été obligée. « Ben t'étais pas obligée de me cacher ce que t'avais fait avec le garçon à Dan dans le mocauque de Saint-Norbert », qu'i' m'a dit, Gapi. « T'arais ben pu me le dire avant que je te prenne », qu'i' dit. Oui, j'arais pu y dire, c'est sartain. Ben j'ai pas eu le temps, par rapport que ça s'est passé avec lui coume avec le garçon à Dan et j'ai pas eu le temps. Pis après, ben, pourquoi c'est faire y dire ? Ça l'arait chagriné, pis il était trop tard. T'as beau aouère regret... quand c'est fait, c'est fait.

Faudrait, pour ben faire, qu'une parsoune ayit regret avant. Ben ça c'est malaisé. Moi j'ai pour mon dire que les pus grous péchés, ça doit être ceuses-là où c'est que tu sais que tu fais mal, ben que tu le fais pareil. Pis que tu seyis libre de faire ton choix. Ah! je sais ben qu'une parsoune est tout le temps libre, ben... ben elle est-i' tout le temps libre?

Pornez la Bessoune qui s'arait chavirée, à ce qu'i' contont, sus un amour caché qu'elle arait jamais consenti à déclairer à parsoune... C'était pus fort que yelle, et apparence qu'elle était point libre. Y en a qu'avont dit que c'était le djable, pis d'autres que c'était le prêtre. Ben a s'en a point réchappée, la pauvre fille, et le Bon Djeu a ben dû en aouère pitché, par rapport qu'elle est morte avec ses médalles au cou.

...Y a des fois que c'est malaisé d'aouère regret. T'as beau tout asseyer, pis te disputer, pis te faire ouère raison, pis te cogner la caboche avec ton farme propos, tu te le rentreras pas dans le cœur. Une parsoune des fois est pas libre d'aouère regret.

...Quand c'est que la mer change de couleur, vers le souère, et pis que les goèlands se mettont à crier rauque au tchai, je m'en vas des fois prendre une marche sus le pont, et je guette. Je guette ouère si i' ersoudrait pas un steamer au loin qui s'a pardu durant la guerre, la darniére, avec tous ses houmes à bôrd. Pis je me souviens de la chanson qu'i' chantait, assis sus le beaupré, tout seul, loin des autres. Il avait les cheveux jaunes pis des grands yeux chagrinés, c'ti-là. Si la guerre l'avait pas emporté, et si i' m'avait demandé de partir avec lui, au loin, à l'étrange, loin de Gapi, et de mes enfants, et... I' m'a pas demandé, et j'suis restée icitte. Ben une parsoune peut-i' saouère d'avance quoi c'est qu'a' ferait si c'était à refaire?... Et pis c'est jamais à refaire. Ça fait que je ouas pas trop pourquoi c'est qu'i' fallit tant se désâmer pour asseyer de se bailler du farme propos.

...Surtout, que je sons pas trop sûrs si i' sarvira à de quoi.

...Si seurement je pouvions saouère. Saouère avant d'arriver de l'autre bôrd. Parce qu'une fois là, il sera trop tard. Ce que j'arons fait, je l'arons fait. Si y a rien de l'autre côté, je nous tracasserions pas pour un rien. Je pourrions vivre le temps qui nous est alloué. Ça serait pas encore un gros lotte, mais je le viverions sans que les boyaux nous le reprocheriont. Et si y a de quoi, quoi c'est que c'est à votre dire ? Ça serait-i' Djeu possible que je devions encore coumencer à souffri' là ? J'en avons-t-i' pas eu assez ? Va-t-i' fallouère encore, durant toute l'étarnité que le Bon Djeu amène, geler les pieds du coumencement des Avents à la fin du Carême ; manger des fayots réchauffés d'un dimanche à l'autre ; vendre tes palourdes, tes coques pis tes mouques de clayon en clayon ; porter les hardes de la femme du docteur qui te les doune par charité ; pis enterrer tes enfants avant qu'ils ayont les yeux rouverts ?... Ça serait-i' Djeu possible ?

...Pourtant, j'en demandions pas tant. J'avons même pas demandé à venir au monde, parsoune, t'as qu'à ouère ! Et je demandons pas à mourir, non plus. Ça fait qu'ils allont-i' nous bailler une autre vie de l'autre bôrd qui ressemblera à celle-citte ? Mais celle-là, je pouvons pas la refuser, je pouvons pas nous en clairer. Gapi, lui, il dit qu'on peut s'en aller se jeter en bas du tchai quand on en a eu assez de c'te charôme de vie. Mais y ara-t-i' un tchai de l'autre bôrd ?

Je crois ben que je finirai par aller ouère le docteur...

...Tout ce que je demande, c'est d'aouère la paix là-bas. Et je ferai pus de mal, ça c'est garanti. D'abôrd il vient un temps où c'est qu'une parsoune a pus même le goût ni la jarnigoine de mal faire. Si ils voulont que j'allions à la messe et aux sacrements, j'y serons. Même aux vêpres durant toute leur étarnité qui durera étarnellement. Je ferai tout ce qu'ils me diront. Je résisterai aux superbes et pis j'arai un extrême regret de vous avoir offensé. Et pis que ça saye fini. Pus d'hivers frettes, pus de fayots, pus de douleurs dans les boyaux, que ça saye fini.

Ben sûr, si y a de quoi de plusse, je ferons pas les difficiles. J'avons pas été accoutumés aux fantaisies. Je demandons pas des châteaux, ni des Californies, ni des fleurs en plastique. Mais si les anges pouviont nous sarvir du fricot au petit-noir et de la tarte au coconut faite au magasin, et si Djeu-le-Pére en parsoune pouvait s'en venir câler la danse le samedi souère, ça serait point de refus. Pour un paradis coume ça, je rechignerions pas devant la mort... j'arions pus peur... je crèverions contents, ma grand foi Djeu oui !...

...Dès demain, j'irai ouère le docteur.

Lexique

A
âbre — arbre
accoutumance — habitude
accoutume — habitude
adjermé — cousin germain
aigneau — agneau
alément — allure
allumelle — lame
amancher — arranger
aouindre — sortir
apparence — apparemment
appartenir — posséder
asseurement — même
asseyer — essayer
attifer — habiller
attoquer — accoter
auripiaux — oreillons
avri' — avril

B
babine — lèvre
baboune — gorille
badgeuler — rouspéter
bâille — cuve
bâillée — cuvée

bailler — donner
bardeau — zona
barrer — fermer à clef
beluet — bleuet
besson — jumeau
bessoune — jumelle
biére aux méres — bière de fabrication domestique
bodrer — déranger
bombarde — sorte de musique à bouche, guimbarde
boqouite — sarrasin
borbis — brebis
borcer — bercer
bôrd — côté, pièce
borgo — klaxon
borlicoco — pomme de pin
borouette — brouette
bouchure — clôture
boueye — bouée
boyaux — intestins
brailler — pleurer
bréyon — torchon

C

caboche — tête
cagouette — nuque
camule — chameau
capot — veste, manteau
carculer — calculer
cartron — carton
cenelle — petit fruit sauvage
chamailler — disputer
chamaillerie — chicane
charôme — charogne
châssis — fenêtre
chaudiére — seau
chavirer — perdre la tête
claquer — applaudir

clopeux — boiteux
closet — armoire, placard
cobir — bosseler
coffre — cercueil
coque — fruit de mer (petite clam)
cosse — haricot
cotchille — coquille, écaille
cotchiner — tricher
couleuré — en couleur
counaissance — connaissance
coureux d'aléctions — politicien
courte-haleine — asthme
couvarte — couverture
couvarture — toit
craqué — gercé
créature — femme
crinquer — remonter

D

déconforter — décourager
défricheter — défricher, déchiffrer
déniger — dénicher
dentifreeze — dentifrice
désâmer — épuiser
deusses — deux au féminin
dévaler — descendre
dève (en) — en colère
dide — acte de vente
dôré — chaloupe, doris

E

ébaroui — ébahi
écarter — perdre
échine — dos
éclat — écopeau
effaré — effronté
éflintché — maigre et grand

élonger — allonger
embellzir — embellir
émoyer (s') — s'informer
empremier — autrefois
encens — gomme à mâcher
entoute — du tout
envaler — avaler
éparpiller — étendre
épelan — éperlan
ersoudre — apparaître, surgir
équipolent — équivalent
esclopé — estropié
escousse — moment
esharber — sarcler
espèrer — attendre
essue-mains — essuie-mains
estâtue — statue
étchureau — écureuil
étention — intention

F

fantaisie — caprice
farlaque — dévergondée
farlaquerie — dévergondage
fayot — fève, haricot
fiance — confiance
flacatoune — bière de fabrication domestique
flambe — flamme
forneau — four
forter — fureter
fouine — lance pour pêcher l'anguille
fricot — ragoût particulier à l'Acadie
frolic — fête, corvée
froncle — furoncle
frotteux — chiropraticien
fussy — difficile

G

galance — balançoire, escarpolette
galoche — chaussure
garrocher — lancer
geint — plainte, cri
genses — gens
goémond — varech, algues
gornier — grenier
goule — bouche
gravaphône — tourne-disque
greyer — habiller
grouiller — bouger
guénilloux — en guenilles

H

haler — tirer
halez-vous — poussez-vous
happer — attraper
harbe — herbe
harbe à outarde — varech
hardes — vêtements
hâriotte — petite branche servant de fouet
hucher — crier

J

jarnigoine — débrouillardise, invention
jeunesse — jeune
jongler — penser, réfléchir
jonglerie — réflexion
jongleux — songeur, taciturne
jouquer — jucher
jurement — juron
jurer — blasphémer

L

laize — bande de terre, de tissu
larguer — lâcher, lancer
logis — maison

lousse — libre, lâche
louter — ôter

M

machequouère — chat sauvage
mackinaw — veste de bûcheron
mâr' — mars
mauvais mal — cancer
médalle — médaille
mênuit — minuit
mirer — briller, viser
mitan — milieu
mocauque — terrain bas et embroussaillé à la lisière du bois
moppe — balai
motché — moitié
mouque — moule
musc — parfum
musique à bouche — harmonica

N

narffe — nerf
naveau — navet
nayer — noyer
nombourri — nombril

O

ostiner — tenir tête
ouasin — voisin
ous — os

P

palais — dentier
pantoute — pas du tout
pantrie — remise
paouaisé — plein
par chance — heureusement
paré — prêt
parle — perle

patchet — paquet, colis

peddleux — colporteur

petit-noir — canard noir aquatique

petite graine — un peu

phale — gorge

phale basse — tristesse

pigrouine — rein

plantée — abondance

pleyer — plier

pogner — prendre

pontchine — baril

poumonique — tuberculeux

poumons-au-vif — pneumonie

poutine râpée — mets régional en Acadie fait avec de la patate râpée

présent — cadeau

probytère — presbytère

puron — acné

Q

quitter — laisser

qu'ri' — quérir, chercher

R

raccommoder — rapiécer, repriser

ragorner — cueillir, ramasser

ramancher — réparer

ramancheux — chiropraticien

ramenelle — mauvaise herbe

rapièceter — rapiécer

record — disque

renâcler — renifler, rouspéter

respire — respiration

retorner — retourner

rognon — rein

russeau — ruisseau

S

sacordjé — sacré Dieu (juron)
sapré — sacré (juron)
satré — sacré (juron)
séance — pièce de théâtre
seillon — sillon
siau — seau
soldar — soldat
somerset — bascule
sorcière de vent — cyclone
souvenance — souvenir, mémoire
spitoune — crachoir
stamps — timbres assurance-chômage
sû — sud
subler — siffler
sublet — sifflet
suire — suivre
sus — chez

T

tarzer — tarder
tchas — tas
tchurieux — curieux, drôle, étrange
temps me dure — j'ai hâte
terrasser — isolation à l'extérieur d'une maison, avec du
varech ou de la sciure de bois
tet à poules — poulailler
tétines-de-souris — pattes d'alouette
tignasse — chevelure
timber — tomber
trappe — cage à homard
travée — lisière
treufle — trèfle

U

usses — sourcils

V

varger sur — battre
vieillzir — vieillir

Z

zire (faire) — dégoûter

Chronologie

1929   Le 10 mai, Antonine Maillet naît à Bouc-
            touche (Nouveau-Brunswick), d'un père
            instituteur, qui fut aussi gérant chez Ir-
            ving, et d'une mère institutrice.

1935-1944   Elle fait son cours primaire à l'école de
            Bouctouche.

1944-1949   Elle étudie à l'Académie Notre-Dame du
            Sacré Cœur, à Saint-Joseph de Memram-
            cook.

1949-1950   Elle étudie au Collège Notre-Dame
            d'Acadie, où elle obtient un baccalauréat
            ès arts.

1950   De retour à Bouctouche, elle enseigne à
            Richibouctou Village, qui sert de cadre à
            son premier roman, *Pointe-aux-Coques*.

1954   Elle enseigne au Collège Notre-Dame
            d'Acadie, son alma mater.

1957   Elle fait jouer, au collège Notre-Dame
            d'Acadie, sa première pièce de théâtre,
            «Entre'Acte», demeurée inédite.

1958   Prix de la meilleure pièce canadienne au
            Festival de théâtre avec «Point-Acre»,
            aussi demeurée inédite.

Elle publie chez Fides son premier roman, *Pointe-aux-Coques*.

1959 Elle termine, sous le nom de Sœur Marie-Grégoire, une maîtrise ès arts à l'Université Saint-Joseph de Memramcook (Université Saint-Joseph), avec une thèse intitulée «La Femme et l'Enfant dans l'œuvre de Gabrielle Roy».

1960 Elle mérite le prix Champlain pour son roman *Pointe-aux-Coques*. À Vancouver, elle remporte le prix du Conseil des arts du Canada pour «Les Jeux d'enfants sont faits», pièce demeurée inédite.

1961-1963 Boursière du Conseil des arts du Canada, elle obtient une licence ès lettres de l'Université de Montréal.

1963-1964 Elle fait des recherches sur Rabelais à Paris, grâce à une bourse du Conseil des arts du Canada.

Elle voyage au Proche-Orient et en Afrique.

1964-1967 Elle enseigne la littérature à l'Université de Moncton.

1967-1968 Prépare un doctorat à l'Université Laval.

1969-1970 Elle séjourne à Paris où elle rédige des contes. Première version de *La Sagouine*.

1970 Elle obtient un doctorat ès lettres de l'Université Laval de Québec avec une thèse rédigée sous la direction de Luc Lacourcière et qui sera publiée, l'année suivante, sous le titre *Rabelais et les traditions populaires en Acadie*.

Elle enseigne à l'Université Laval de Québec et elle lit les textes de *La*

Sagouine sur les ondes de la radio de Radio-Canada (Moncton).

1971   Lecture publique de *La Sagouine* au Centre d'essai des auteurs dramatiques. Publication de la pièce, dont le tirage est épuisé en quelques mois. Création de la pièce à Moncton (le 25 novembre), sur la scène des Feux-Chalins, avec Viola Léger comme interprète, dans une mise en scène d'Eugène Gallant.

1972   Elle reçoit le prix du Gouverneur général pour son roman *Don l'Orignal* et un doctorat *honoris causa* (lettres) de l'Université de Moncton.

1972-1973   Elle est boursière du ministère des Affaires culturelles du Québec.

1974   Elle mérite le grand prix littéraire de la Ville de Montréal pour son roman *Mariaagélas*.

1974-1975   Elle est boursière du Conseil des arts du Canada.

1975   Elle reçoit le prix France-Canada et le prix des Volcans (France), pour *Mariaagélas*.

1976   En janvier, début d'une série de 16 émissions de 30 minutes intitulée «La Sagouine», à la télévision de Radio-Canada. Prix La Presse pour l'ensemble de son œuvre. Elle est faite Officier de l'Ordre du Canada.

1977   Elle termine deuxième, derrière le lauréat Didier Decoin, dans la course au prix Goncourt, avec son roman *Les Cordes-de-bois*.

1978	Elle mérite le prix des quatre Jurys pour *Les Cordes-de-bois* et reçoit un doctorat *honoris causa* (littérature) de l'Université Carleton (Ottawa).
1979	Elle mérite le prix Goncourt pour son roman *Pélagie-la-Charrette* et reçoit des doctorats honorifiques (droit) de l'Université de l'Alberta (Edmonton) et (littérature) de Mount Allison University (Sackville).
1980	Elle remporte le Chalmers Canadian Play Awards (Toronto), pour *La Sagouine*.
	Elle est nommée Officier des Palmes académiques (Gouvernement français) et chevalier de l'ordre de la Pléiade (AIFLF), Fredericton.
	Elle reçoit trois doctorats honorifique ès lettres : Saint Mary's University (Halifax), Windsor University (Windsor) et Acadia University (Wolfville).
1981	Elle reçoit la médaille «Gloire de l'Escolle» de l'Association des Anciens de l'Université Laval et un doctorat *honoris causa* (lettres) de l'Université Laurentienne (Sudbury) et en droit de l'Université de Dalhousie (Halifax).
1982	Elle est faite Compagnon de l'Ordre du Canada.
	Elle reçoit un doctorat honorifique des universités de Toronto (droit), Queen's (droit) et McGill (lettres).
1984	Elle reçoit l'Ordre des francophones d'Amérique, et un doctorat honorifique

	(en droit) de l'Université Saint-François-Xavier, Antigonish.
1985	Elle est nommée Officier des Arts et Lettres de la France.
1986	Elle reçoit un doctorat honorifique (lettres) de St. Thomas University (Fredericton).
1987	Elle est membre du Haut Conseil de la francophonie.
	Elle reçoit un doctorat honorifique de l'Université Sainte-Anne (Church Point, N.-É.).
	Le 30 juin, elle prononce l'allocution de clôture du rassemblement des francophones d'Amérique.
1988	Elle reçoit un doctorat honorifique (lettres) de Bowling Green University (USA).
	Elle est membre du Pen Club (Québec) et présidente des Artistes pour la paix (Québec).
	Elle anime, à la télévision, le débat des chefs, lors de la campagne électorale fédérale.
1989	Elle reçoit un doctorat honorifique (lettres) de l'Université Laval et un en droit de Simon Fraser University et de l'Université de Lyon (France).
	Elle est chancelier de l'Université de Moncton.
1990	Officier de l'Ordre National du Québec.
1991	Membre de l'Académie des Grands Montréalais.

1992	Membre du Conseil privé de la Reine pour le Canada.
	Vice-présidente du conseil d'administration et de la Fondation du Théâtre du Rideau-Vert.
1993	Membre du Conseil des gouverneurs associés de l'Université de Montréal.

Bibliographie

I. Œuvres

Pointe-aux-Coques, Montréal et Paris, Fides, 1958, 127 p., coll. «Rêve et Vie»; Montréal et Paris, Fides, 1961, 127 p., coll. «Rêve et Vie»; Montréal, Leméac, 1972, 174 p., coll. «Roman acadien», nº 2; suivi de *On a mangé la dune*, préface de Jean Royer, Verviers (Belgique), Marabout, 1980, 412 p. (v. p. 12-235).

On a mangé la dune, Montréal, Éditions Beauchemin, 1962, 182 p.; Montréal, Leméac, 1977, 186 p., coll. «Les Classiques Leméac», nº 2; précédé de *Pointe-aux-Coques*, Verviers (Belgique), Marabout, 1980, 412 p. (v. p. 237-412).

Les Crasseux, préface de Jacques Ferron, Montréal, Holt, Rinehart et Winston, 1968, 68(1) p., coll. «Théâtre vivant», nº 5; pièce en trois actes, présentation de Rita Scalabrini et Jacques Ferron, Montréal, Leméac, 1973, xxxiii, 91(1) p., coll. «Répertoire acadien», nº 2; nouvelle version revue et considérablement augmentée pour la scène, Montréal, Leméac, 1974, 118 p.

La Sagouine. Pièce pour une seule femme, Montréal, Leméac, 1971, 105(1) p., coll. «Répertoire acadien» n⁰ 1; nouvelle édition revue et considérablement augmentée, notes et hommages de Léonard Forest, Michel Têtu, Marcel Dubé, Alain Pontaut, Claudette Maillet, André Belleau, Martial Dassylva, Montréal, Leméac, 1973, 154 p., coll. «Théâtre acadien» n⁰ 4; Montréal, Leméac, 1974, 218 p., coll. «Théâtre acadien», n⁰ 4; Montréal, Leméac, 1986, 218 p., coll. «Poche Québec», n⁰ 8; préface de Jacques Cellard, Paris Bernard Grasset, 1976, 188 p.; traduit par Luis de Céspedes, Toronto, Simon & Pierre Publishing Company Limited, 1979, 183 p.; 2ᵉ éd., 1985. Disque London Deran XDEF 109-110, 1974, 2 microsillons 33 1/3 cm.

Rabelais et les traditions populaires en Acadie, Québec, les Presses de l'Université Laval, 1971, 201 p., coll. «Les Archives de folklore», n⁰ 13.

Don l'Orignal. Roman, Montréal, Leméac, 1972, 149 p., coll. «Roman acadien», n⁰ 1; préface de Jean-Cléo Godin, Montréal, Leméac, 1977, 190 p., coll. «Les Classiques Leméac», n⁰ 3.

The Tale of Don l'Orignal, traduit par Barbara Godard, Toronto/Vancouver, Clarke, Irwin and Company Limited, 1978, 107 p.

Par derrière chez mon père. Recueil de contes, illustrations de Rita Scalabrini, Montréal, Leméac, 1972, 91 (1) p.; Montréal, Leméac, 1987, 191(1) p., coll. «Poche Québec», n⁰ 20. Avec quatre contes inédits.

L'Acadie pour quasiment rien. Guide touristique, illustrations de Rita Scalabrini, Montréal, Leméac, 1973, 80 p.

Gapi et Sullivan, introduction d'Yves Dubé, Montréal, Leméac, 1973, 72 p., coll. «Répertoire acadien», no 3; introduction de Pierre Filion, Montréal, Leméac, 1976, 108 p., coll. «Théâtre», no 59.

Gapi and Sullivan. A Play, traduit par Luis de Céspedes, Toronto Simon & Pierre Publishing Company Limited, 1987, 85 p.

Mariaagélas, Montréal, Leméac, 1973, 236 p., coll. «Roman acadien», no 3; préface d'Yves Berger, Paris, Bernard Grasset, 1975, xii, 236 p.; préface d'Yves Berger, Verviers (Belgique), Marabout, 1980, 250 p.; Paris, Bernard Grasset, 1981, xii, 236 p.; illustré par Paul-Tex Lecor, Montréal, Éditions la Frégate, 1983, Édition de luxe, emboîtage, 28 x 37 x 7 cm; tirage limité à 125 exemplaires.

Mariaagelas. Maria, Daughter of Gelas, traduit par Ben Zion Shek, Toronto, Simon & Pierre Publishing Company Limited, 1986, 150 p. Adaptation, Théâtre du Rideau-Vert, le 16 mai 1974.

Évangéline Deusse, présentation d'Henri-Paul Jacques, Montréal, Leméac, 1975, 109 p., coll. «Théâtre», no 50.

Evangeline the Second. A play, traduit par Luis de Céspedes, introduction de Renate Usmiani, Toronto, Simon & Pierre Publishing Company Limited, 1987, 78 p.

Emmanuel à Joseph à Dâvit, Montréal, Leméac, 1975, 142 (1) p., coll. «Roman acadien», no 4; Montréal, Leméac, 1977, 142(1) p., coll. «Roman acadien», no 4. Sous-titré *Une nativité en Acadie*.

Les Cordes-de-bois. Roman, Montréal, Leméac, 1977, 351 p., coll. «Roman québécois», no 23; Paris, Bernard Grasset, 1977, 252 (1) p.

La Veuve enragée, introduction de Jacques Ferron, Montréal, Leméac, 1977, 177 p., coll. «Théâtre», n° 69.

Le Bourgeois gentleman. Comédie inspirée de Molière, Montréal, Leméac, 1978, 379 p., coll. «Théâtre», n° 78.

Pélagie-la-Charrette. Roman, Montréal, Leméac, 1979, 351 p., coll. «Roman québécois», n° 30; Paris, Bernard Grasset, 1979, 314 p.

Pélagie-The Return to a Homeland, traduit par Philip Stratford, New York, Garden City and Toronto, Doubleday, 1982, 251 p.; London John Calder Publishers, 1982, 251 p.; Toronto, General Publishers, 1983, 251 p. Aussi traduit en slovaque, en bulgare et en roumain.

Cent ans dans les bois, Montréal, Leméac, 1981, 358 p., coll. «Roman québécois», n° 55.

La Contrebandière, Montréal, Leméac, 1981, 179 p., coll. «Théâtre», n° 95.

Christophe Cartier de la Noisette dit Nounours, illustrations de Hans Troxler, Paris, Hachette et Montréal, Leméac, 1981, 105(5) p.; 1993, coll. «Zone 9/12», 145 p.

Christopher Cartier of Hazelnut also know as Bear, traduit par Wayne Grady, Methuen, 1984, 76 p.

La Gribouille, Paris, Bernard Grasset, 1982, 276(1) p.; Paris, LGF, 1984, coll. «Poche», n° 5919.

Les Drôlatiques [sic], *Horrifiques et Épouvantables Aventures de Panurge, ami de Pantagruel, d'après Rabelais*, Montréal, Leméac, 1983, 138(1) p., coll. «Théâtre», n° 120.

Crache à pic, Montréal, Leméac, 1984, 370 p., coll. «Roman québécois», n° 76; Paris, Grasset, 1984, 370 p.

The Devil is loose, traduit par Philip Stratford, Toronto, Lester & Orpen Dennys, 1986, 310 p., coll. « The International Fiction List », nᵒ 32; New York, Walker, 1987, 310 p.; Toronto, Totem Books, 1987, 310 p.

Garrochés en paradis, Montréal, Leméac, 1986, 109 p., coll. « Théâtre », nᵒ 154.

Le Huitième Jour, Montréal, Leméac, 1986, 109 p., coll. « Roman québécois », nᵒ 100; Paris, Bernard Grasset, 1987, 292 p.

On the Eight day, traduit par Wayne Grady, Toronto, Lester & Orpen Dennys, 1989.

Margot la folle, Montréal, Leméac, 1987, 126 p., coll. « Théâtre », nᵒ 166.

Richard III, traduction de la pièce de William Shakespeare, Montréal, Leméac, 1989, 167 p.

L'Oursiade, Montréal, Leméac, 1990, coll. « Roman », 240 p.; Grasset, 1991.

William S., Montréal, Leméac, 1991, coll. « Théâtre », 114 p.

Les confessions de Jeanne de Valois, Montréal, Leméac, 1993, coll. « Roman », 344 p.

La nuit des rois, d'après l'œuvre de William Shakespeare, Montréal, Leméac, 1993, 137 p. (coll. « Théâtre »).

La foire de la Saint-Barthélemy, d'après l'œuvre de Ben Johnson, Montréal, Leméac, 1994, 110 p. (coll. « Théâtre »).

La Fontaine ou la comédie des animaux, Montréal, Leméac, 1995, 131 p.

Le chemin de Saint-Jacques, Montréal, Leméac, 1996, 370 p. (coll. « Roman »).

L'Île-aux-puces. Commérages, Montréal, Leméac, 1996, 223 p.

La tempête, d'après l'œuvre de William Shakespeare, Montréal, Leméac, 1997, 104 p. (coll. « Théâtre »).

Disponibles dans « Bibliothèque québécoise » :
La Sagouine
Pélagie-la-Charrette
Les Cordes-de-bois

II. *Études (Choix)*

Antonine Maillet. Dossier de presse 1962-1981, Sherbrooke, Bibliothèque du Séminaire de Sherbrooke, 1981, 128 p.

Antonine Maillet II. Dossier de presse 1972-1986, Sherbrooke, Bibliothèque du Séminaire de Sherbrooke, 1986, 74 p.

Antonine Maillet III. Dossier de presse 1971-1987, Sherbrooke, Bibliothèque du Séminaire de Sherbrooke, 1988, 96 p.

ARCHAMBAULT, Maryel, « *La Sagouine* d'Antonine Maillet et l'ouvrier québécois d'Yvon Deschamps. Deux rhétoriques de la dénonciation sociale, deux systèmes de mise en représentation de la classe populaire », dans *LittéRéalité*, vol. V, n° 2 (hiver 1993-1994), p. 61-70.

BOURQUE, Denis, « Le carnavalesque et ses limites dans La Sagouine », dans *Revue de l'Université de Moncton*, vol. XXVII, n° 1 (1994), p. 9-29.

Dictionnaire des œuvres littéraires du Québec, sous la direction de Maurice LEMIRE, Montréal, Fides, tome III : *1940-1959*, 1980; tome IV : *1960-1969*, 1982, et tome V : *1970-1975*, 1984.

DROLET, Bruno, *Entre dune et aboiteaux... un peuple. Étude critique des œuvres d'Antonine Maillet*,

Montréal, les Éditions Pleins Bords, 1975, 181 p.

FARRELL, Alan F., «Le monologue spleenetique de *La Sagouine*», *Quebec Studies*, nº 19 (automne-hiver 1995), p. 113-121.

LEBLANC, René (dir.), *Derrière la charrette de Pélagie. Lecture analytique du roman d'Antonine Maillet, «Pélagie-la-Charrette»*. Étude faite dans le cadre du cours FRA-3753, Pointe de l'Église, N.-É., Séminaire Sainte-Anne, 1984, 142 p. Contribution de Shirley BOUDREAU, Lucia DUTTON, Carmen GAUDET, Sheila HENDERSON, Pauline OUELLETTE; animation et rédaction René LEBLANC.

MAILLET, Marguerite et Judith HAMEL [éditrices], *La réception des œuvres d'Antonine Maillet. Actes du colloque international organisé par la Chaire d'études acadiennes les 13, 14 et 15 octobre 1988*, Moncton, Université de Moncton, Chaire d'études acadiennes, 1989, 339 p. (coll. «Mouvances», nº 1). [Articles sur *La Sagouine* de Judith PERRON et de René PLANTIER].

OUELLET, Lise, «Mythe, intertextualité et fonctionnement de la parole chez la vieille femme dans *La Sagouine* et *Évangéline Deusse* d'Antonine Maillet», *Dalhousie French Studies*, nº 15 (automne-hiver 1988), p. 48-68.

Aurélien Boivin

Jean-Pierre April
Chocs baroques

Hubert Aquin
Journal 1948-1971
L'antiphonaire
Trou de mémoire
Mélanges littéraires I.
    Profession : écrivain
Mélanges littéraires II.
    Comprendre dangereusement
Point de fuite
Prochain épisode
Neige noire
Récits et nouvelles. Tout est miroir

Bernard Assiniwi
Faites votre vin vous-même

Philippe Aubert de Gaspé fils
L'influence d'un livre

Philippe Aubert de Gaspé
Les anciens Canadiens

Noël Audet
Quand la voile faseille

François Barcelo
La tribu

Honoré Beaugrand
La chasse-galerie

Arsène Bessette
Le débutant

Marie-Claire Blais
L'exilé suivi de Les voyageurs sacrés

Jean de Brébeuf
Écrits en Huronie

Jacques Brossard
Le métamorfaux

Nicole Brossard
À tout regard

Gaëtan Brulotte
Le surveillant

Arthur Buies
Anthologie

André Carpentier
L'aigle volera à travers le soleil
Rue Saint-Denis

Denys Chabot
L'Eldorado dans les glaces

Robert Charbonneau
La France et nous